시간과 공간을 주름잡는 바르셀로나 산책

걸어서 하는 도시 건축 여행
바르셀로나에 가자

| 만든 사람들 |
기획 인문·예술기획부 | **진행** 한윤지 | **집필·지도·도면** 조미화 | **편집·표지디자인** 김진

| 책 내용 문의 |
도서 내용에 대해 궁금한 사항이 있으시면
저자의 홈페이지나 J&jj 홈페이지의 게시판을 통해서 해결하실 수 있습니다.
제이앤제이제이 홈페이지 www.jnjj.co.kr
디지털북스 페이스북 www.facebook.com/ithinkbook
디지털북스 카페 cafe.naver.com/digitalbooks1999
디지털북스 이메일 digital@digitalbooks.co.kr
저자 이메일 34rce10n4@gmail.com
저자 홈페이지 meehwacho.zz.mu

| 각종 문의 |
영업관련 hi@digitalbooks.co.kr
기획관련 digital@digitalbooks.co.kr
전화번호 (02) 447-3157~8

시 간 과 공 간 을 주 름 잡 는 바 르 셀 로 나 산 책

걸어서 하는 도시 건축 여행
바르셀로나에 가자

글 · 지도 · 도면 조미화

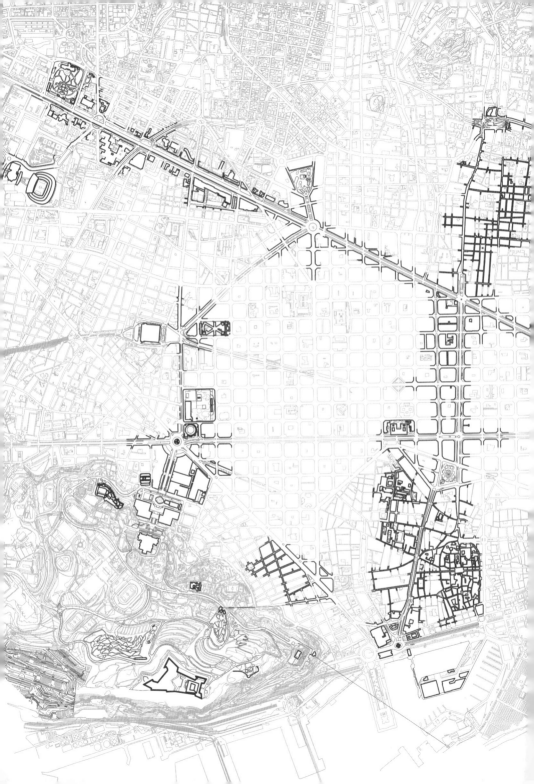

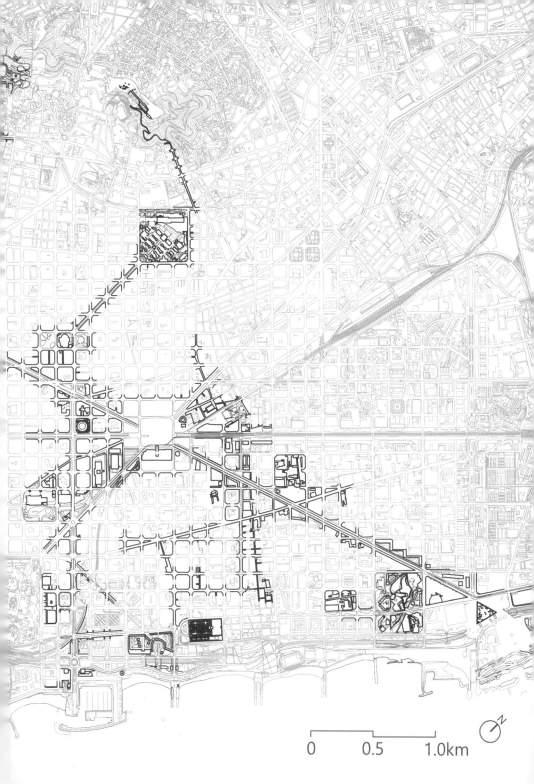

0   0.5   1.0km

도시도 나이라는 게 있다.

 탄생해서 성장하고, 나이가 들수록 겹겹이 쌓인 층에 "주름"이 많아지고, 오래된 도시일수록 주름마다 이야기도 많아진다. 세월만큼 깊은 주름들과 그 사이사이 미세하게 퍼져있는 잔주름들은 방향성을 가진 결을 만들기도 하고, 이쪽과 저쪽을 구분짓는 경계가 되기도 하지만 그 자체도 피부이며 그것들이 모여서 인상, 표정을 만들어낸다. 그 주름들은 움직임, 운동의 흔적이고, 많이 사용했을수록 깊고 선명해지는 것이다.

 바르셀로나는 나이별로 다른 주름들이 명확하게 구분되는 도시이다.
 현재의 모습을 갖추기까지 각각의 도시조직의 탄생 배경과 성장과정이 매우 다르고, 새로운 조직이 생겨나거나 다른 조직과의 접합이 이루어질 때는 과감한 외과적 수술도 감행해온 도시이다.
 2000살이 넘은 고대 로마시대의 도시, 800살이 안 된 중세시대의 도시, 150살쯤 된 근대 도시, 몇십 살 안 된 현대의 도시와 현재 계획되고 있는 미래의 도시까지 시대마다 달리 형성되어온 그 구조와 주름들을 이해하고 동선을 짠다면 한 도시 안에서 다른 시간을 건너다닐 수 있는 도시이다.

시대에 따라 이동 수단이 다르니 도로 폭이 바뀌고, 주거 방식이 달라지니 건물의 규모가 바뀌고, 권력이 달라지니 상징적 건축물들의 양식이 바뀐다. 새로이 생겨난 것들도, 계속해서 존재하는 것들도 그 이유가 있다. 각 시대를 반영하는 단서들, 주름들을 찾아 산책하면 도시의 모든 것들이 볼거리이자 텍스트가 되며, 그것들을 연결해가는 "걷기"는 그 자체로 이야기, 컨텍스트가 되고, 시간적 공간적 지도를 그리는 것이 된다. 거대한 주름들을 제대로 펼쳐보고 접어보자면 눈 크게 뜨고 구석구석 그 속을 걷는 수밖에 없다. "걷기"야말로 시간과 공간을 잴 수 있는 가장 좋은 도구니 말이다.

그럼, 본격 바르셀로나를 "주름잡는" 이야기를 해보기로 한다.

주름-잡다

1. 모든 일을 자기가 하고 싶은 대로 주동이 되어 처리하다.

2. 시간이나 공간의 길이를 앞당기거나 짧게 하다.

[유의어] 누비다

덧붙이는말 (독자들께)

La morfología urbana, el espacio construido, refleja la organización económica, la organización social, las estructuras políticas, los objetivos de los grupos sociales dominantes. Solo hay que saber leer.

도시의 형태, 즉 건설된 공간은 경제구조, 사회구조, 정치구조 그리고 사회지배 집단의 목표를 반영한다. 단지 우리는 그것을 읽어내는 방법을 알아야 할 뿐이다.

- Horacio Capel 오라시오 카펠,

La morfología de las ciudades I. Sociedad, cultura y paisaje urbano

도시의 형태 I, 사회, 문화와 도시풍경

도시를 읽는 방법론에 대한 이야기를 하고 싶은 게 아니다. 정해진 방법이라는 건 없다고 미리 말해두고 싶다. 도시에 대해 무슨 질문을 어떻게 하느냐에 따라 읽는 방법과 읽어 내는 내용도 아주 달라질 수 있다. 마찬가지로 무엇을 찾는 여행인지에 따라 여행의 방법과 필요한 정보도 아주 달라질 수 있을 것이다. 여기서 다룰 내용은 한 사람이 자신의 지식 틀과 개인적인 인지에서 이해하는 바르셀로나라는 도시에 대한 이야기이다. 건축가, 도시 분석가로서 바라보는 도시에 대한 이야기이기도 하고, 그 도시 안에서 거주하는 사람으로서의 아주 개인적인 경험들에 대한 이야기이기도 하다. 그러니까 굵은 지식, 잡지식 마구 섞어가며 아주 개인적인 취향에 따라 추천하는 바르셀로나 도시 소개서쯤으로 생각하면 되겠다. 전공자에게는 전문적이고 학술적인 내용도 전공이 아닌 사람에게는 그저 교양이거나 잡지식일 수 있으니, 그저 읽는 사람이 원하는 층위로 읽혀 쉽게 전해졌으면 하는 바람이다. 인구의 절반 이상이 도시에 사는 현대에 도시에 대해서 이야기한다는 것은 결국 사람 사는 이야기이며, 일상적인 이야기이지 어려울 필요가 전혀 없으니까 말이다.

목차에 나누어진 각각의 "주름"들은 시대별로 도시 형성에 영향을 미친 역사적 사건들을 풀어 놓은 것이고, "걷기"는 앞서 말한 주름들을 관통해서 걷는, 하나의 '가능한 동선'으로 엮어 놓은 것이다. 각 장들 사이에 시작과 끝의 순서는 없다. 주름들을 먼저 이해하고 동선을 따라 읽어도 좋고, 동선을 따라 읽다가 해당 주름을 찾아 이해를 더해도 좋다. 흥미를 일으키는 지점에서 시작해서 아무렇게나 정보를 좇아가도 좋다. 발길 닿는 대로 헤매면서 도시를 산책하듯, 이 책 속에서도 여러 개의 지점에서 시작해서 여러 개의 지점에서 끝나는 여행을 할 수 있다면 더 없이 기쁘겠다.

표기법에 대한 노트

 국립국어원의 외래어 표기법 상에는 파열음 표기에는 된소리를 쓰지 않는 것을 원칙으로 하고, 표기법을 따르자면 거센소리(ㅋ, ㅌ, ㅍ)가 나는 자음으로 표기하는 것이 옳다. 하지만 실제 스페인어 발음에서 파열음이 나는 자음들은 우리말 자음 중 예사소리(ㄱ, ㄷ, ㅂ)나 된소리(ㄲ, ㄸ, ㅃ)가 나는 자음의 발음에 가깝지 거센소리가 나는 발음은 거의 없다.

 스페인 안에서도 지방마다 발음이 다르고, 중남미 국가들 사이에서도 발음이 다르기는 하지만, 스페인사람이 거센소리로 스페인어를 발음 하는 것은 영국 관광객이나 독일 관광객들이 된소리 발음을 못하는 것을 희화화하는 경우 정도뿐이다. 물론, 발음의 어색함이나 억양의 차이로 스페인어를 사용하는 외국인의 모국어가 무엇인지, 어디 출신인지 알 수 있다는 것은 그 사람의 정체성의 일부가 말하기에 드러나는 것으로 아름다운 일이다.

 된소리 발음이 안 되는 영국인들과 독일인들, 강력한 된소리 발음으로 대화를 압도하는 이탈리아인들, 긁는 소리를 내는 R발음이 특이한 프랑스인들, R을 모조리 L로 발음하는 중국인들, 자음을 하나씩 빼먹는 일본인들 등 그들 각각의 특이한 발음들은 그 사람의 특징 중 하나가 되어 함께 기억된다.

 한국인의 특징이라면, 예사소리, 된소리, 거센소리가 나는 자음을 모두 가지고 있는 한국어를 모국어로 하여 정확한 스페인어를 발음할 수 있다는 점에 있는데, 그런 한국인이 영어식으로 스페인어를 발음하는 것은 우스운 일이다.

외래어 표기의 원칙을 마련한 것은 표기를 통일하는 데에 있지만, 이 글쓰기는 스페인을 방문하고 싶거나 방문하는 여행자들의 위한 것으로 현지인과 소통하는 경우를 고려하여 가능한한 실제 발음에 가까운 한글로 표기한 것을 미리 밝혀둔다. 얼굴만으로는 한국, 중국, 일본인 구분을 못하는 스페인 사람들이 언젠가는 한국인의 스페인어 발음만 듣고도 '아, 이 사람은 한국인이구나'라고 생각하는 날이 오길 바라며 표기법에는 없더라도 우리말의 풍부한 발음들을 모두 활용하기로 한다.

한편, 한국에 알려진 스페인어 (까스떼야노어^{castellano}) 외에도 스페인에는 3개의 표준어 (까딸란어^{catalán}, 갈리시아어^{gallego}, 바스크어^{eusquera})가 더 있으며, 바르셀로나를 수도로 하는 까딸루냐 지방은 까스떼야노어와 까딸란어 두 개 언어를 공식 언어로 사용하고 있다. 알림글이나 설명서, 표지 등은 동시 표기하기도 하지만 지명과 인물명은 대부분 까딸란어로 단독 표기하는 경우가 많고, 그런 경우 이 글에서도 까딸란어 명칭을 따르기로 한다. 까딸란어는 까스떼야노어와 자음 일부가 다르며, 모음과 자음 일부의 발음 또한 다르다. 까딸란어 명칭을 따르는 경우 당연히 까딸란어 발음에 가장 가까운 우리말로 표기하며, 구분을 위해 까딸란어는 흘림체로 표기하고, 까스떼야노어는 글꼴 그대로 표기하며, 기타 외래어는 기울임꼴로 표기하기로 한다.

Contents

주름 0. 피부, 지형 ^{地形} topografía · 021쪽

주름 1. 첫 번째 성벽 로마 도시 Ciudad Romana · 027쪽

주름 2. 두 번째 성벽: 고딕 지구 Barrio Gótico 보른 지구 El Born

　　　세 번째 성벽: 라발 지구 El Raval · 035쪽

주름 3. 네 번째 성벽: 중세 방어선 · 044쪽

주름 4. 성벽 밖의 도시들 · 049쪽

주름 5. 근대 도시 엑샴쁠러 Eixample 혹은 엔산체 Ensanche de Barcelona · · · · · · · · · 053쪽

걷기 1. 구엘 공원 *Parc Güell* 에서부터 항구 *Port Vell* 까지 · 059쪽

걷기 1.5. 중세도시 *Ciutat Vella* · 109쪽

걷기 2. 기나르도 공원 *Parc del Guinardo* 에서 올림픽 항구 *Port Olimpic* 까지 · · · · · · · · 187쪽

걷기 3. 에스파냐 광장 *Pl. Espanya* 에서 몬주익 언덕 *Montjuic*
　　　그리고 뽀블레섹 지구 *Poble Sec* · 221쪽

걷기 4. 끌롯 지구 *El Clot* 에서 보가뗄 해변 *Platja del Bogatell* 까지 · · · · · · · · · · · · · · · 249쪽

걷기 5. 깜 노우 *Camp Nou* 에서 포룸공원 *Parc del Fòum* 까지 대각선으로 움직이기 · · · · 275쪽

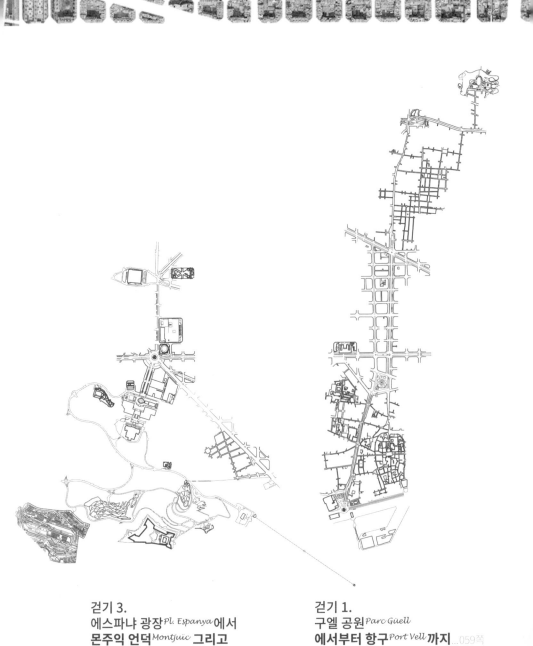

걷기 3.
에스파냐 광장 *Pl. Espanya* 에서
몬주익 언덕 *Montjuic* **그리고**
뽀블레섹 지구 *Poble Sec* 221쪽

걷기 1.
구엘 공원 *Parc Güell*
에서부터 항구 *Port Vell* **까지** ...059쪽
걷기 1.5.
중세도시 *Ciutat Vella* 109쪽

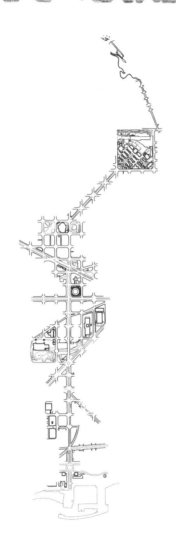

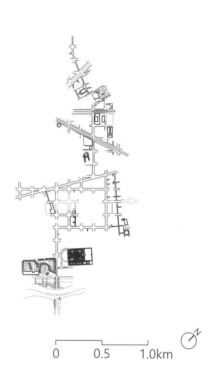

0   0.5   1.0km

걷기 2.
기나르도 공원 *Parc del Guinardo*
에서 올림픽 항구 *Port Olimpic* **까지**
...187쪽

걷기 4.
끌롯 지구 *El Clot* **에서**
보가뗄 해변 *Platja del Bogatell* **까지**
...249쪽

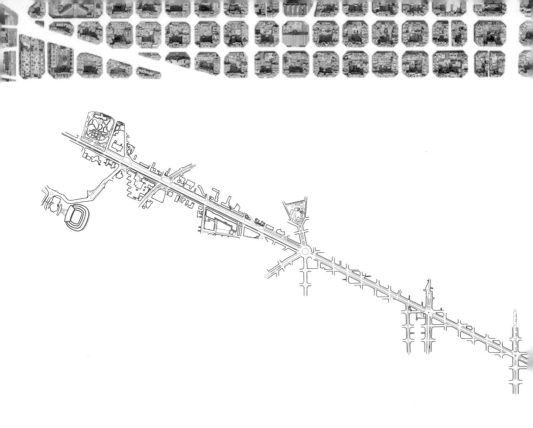

걷기 5.
깜 노우 *Camp Nou* 에서 포룸공원 *Parc del Fòum* 까지
대각선으로 움직이기...275쪽

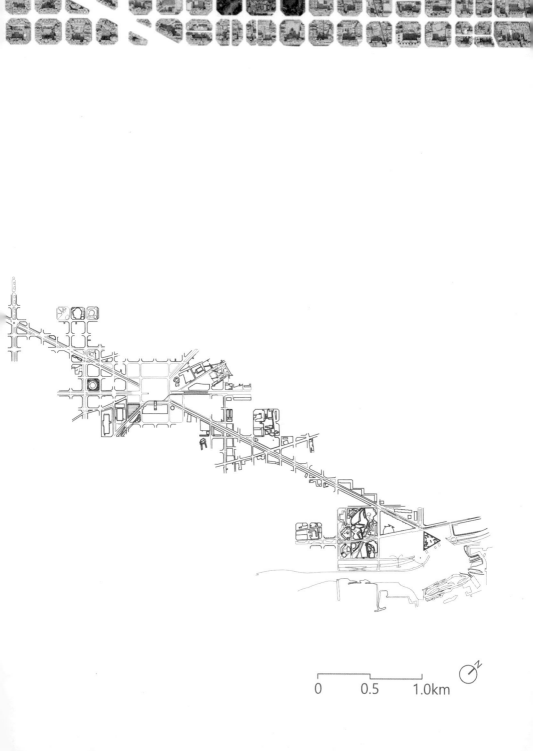

0   0.5   1.0km

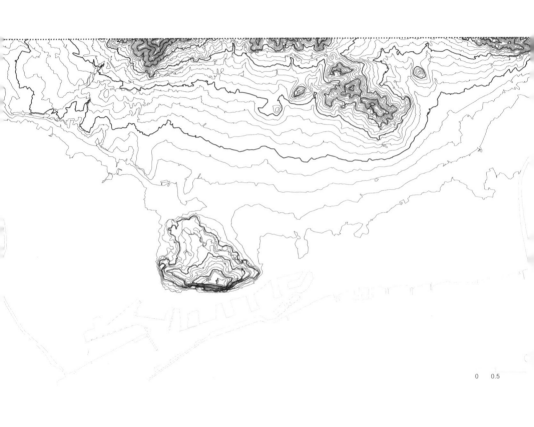

0   0.5

피부, 지형

地形
topografía

✚주름
0
피부, 지형 地形 topografía

　　도시를 이야기 하기 전에 도시가 건설되기 전부터 있던 것들, 자연환경에 대해 먼저 이야기 해 보자. 도시의 요소를 자연적인 것과 인공적인 것으로 나누자면 전자에 속하는 것, 주름이 있기 전의 피부에 대한 이야기이다. 도시는 이 물리적인 요소를 떠나서는 존재할 수 없고, 때문에 그것이 가지고 있는 형태, 지형으로부터 완전히 자유로울 수도 없다. 그것은 균질하지도 않으며, 반복되는 질서도 없다. 오목하거나 볼록한 지점, 경사가 모이거나 변해서 생기는 선, 같은 경사로 이어지거나 기울기가 없는 면 등은 그 자체로 구조나 경계가 되며, 지속적으로 그 위에서 일어나는 인간 활동에 간섭한다. 바꾸어 말하면, 땅 위의 인간 활동은 이 "땅의 형태"를 해석하는 데에서 시작된다. 지형은 자주 도시의 구조를 인식하거나 정의하는 가장 기본적인 요소가 되곤 한다. 로마와 리스본을 "일곱 언덕의 도시"라고 부르는 것은 언덕이 하나의 공간 단위이고, 일곱 개의 언덕을 하나의 도시로 조직하는 데에 그 구조가 있다고 이해하는 하나의 인식인 것이다.

　　바르셀로나 또한 이 피부의 굴곡진 곳을 따라 구조와 경계가 형성되어 왔다. 크게는 북서쪽으로 꼴세롤라 산맥*La Serra de Collserola*, 남동쪽으로 지중해 바다^{Mar Mediter}ráeno, 서쪽으로 요브레가트 강*El Llobregat*, 동쪽으로 베소스 강*El Besòs*이 있어 그 자연적인 경계가 아주 명확하다. 그 경계 너머로도 광역적인 의미로 바르셀로나에 포함되는 위성 도시들이 많이 있지만 보통은 경계 안의 도시를 바르셀로나라고 부른다. 이렇게 뒤로는 산을 두고 앞으로 바다를 바라보는 완만한 사면을 따라 물줄기들이 흐르고 , 그 사이로 꼴세롤라 산에서 흘러내려온 해발고도 200-260m의 작은 언덕이 여럿, 경사의 기울기가 바뀌는 선이 하나, 해안선 가까이로 고도 200m가 채 되지 않는 큰 언덕이 하나, 그리고 그 동쪽으로 고도 16.9m의 아주 작은 언덕 하나 가 경계 안에 자리 잡고 있다. 이런 피부의 특이한 지점들이 바로 최초의 지도에 그려지는 요소들이며, 여러 시대에 걸쳐 주름의 깊이를 더해가는 자리가 된다. 시대별로 자세한 이야기에 들어가기 전에 앞서 기술한 지점, 선, 면이 어떤 도시 요소로 변신했는지 살짝만 들여다보자. 사면을 따라 흐르는 물줄기 중 하나가 지금의 람블라스 거리이며, 꼴세롤라 산에서 흘러내려온 작은 언덕들에 구엘공원과 기나르도 공원이 자리잡고 있으며, 경사의 기울기가 바뀌는 선이 바로 그라시아 지구의 경계가 되는 뜨라베세라 데 그라시아 거리이다. 해안선 가까이 큰 언덕이 1929년 국제 박람회와 1992년 바르셀로나 올림픽의 주 무대가 되었던 몬주익 언덕이며, 그 옆으로 작은 언덕이 바로 고대 로마인들이 도시를 건설한 자리이다. 이렇듯 대지 위의 인간 활동인 건설과 건축은 그 굴곡들을 이해하고, 적응하고, 변형하는 방식에 대한 이야기이다. 다음은 시대를 나눠 주름으로 이야기 해보자.

La Serra de Collserola
꼴세롤라 산맥

El Llobregat
요브레가트 강

Montjuïc
몬주익 언덕

Mor
따ㅂ

Serra de Collserola
꼴세롤라 산맥

El Besòs
베소스 강

Monte Táber
따베르 언덕

Mar Mediterráeno
지중해 바다

0   0.5   1.5km

산, 바다, 강으로 둘러싸인 자연적 경계 안에 바다를 향해 흘러내려가는 지형의 특이한 지점마다 역사적인 사건들이 집중적으로 일어난다.

0   0.5   1.0

첫 번째 성벽
로마 도시|Ciudad Romana

✚주름
1
첫 번째 성벽
로마 도시 Ciudad Romana

바르셀로나 도시를 산에서부터 바다까지 잘라 보면, 완만한 경사가 이어지다가 아주 살짝 볼록한 자리가 나오는데, 앞서 말한 해발고도 16.9m의 아주 작은 언덕 *Monte Táber*, 바로 로마 도시가 건설된 자리이다. 로마 제국이 전성기를 누리던 시절, 바르셀로나뿐만 아니라 이베리아 반도 전체가 온전하게 로마 제국이었고, 히스파노로마노들이 선진 문명을 누리며 살았다. 고대 로마 역사에 처음으로 이베리아 반도가 등장한 것은 카르타고와의 백년이 넘는 긴 싸움 중 "한니발 전쟁"이라고도 불리는 "2차 포에니 전쟁"(기원전 218년) 때다. 카르타고의 강력한 해군을 맞을 방비를 해오던 로마로 북쪽의 육로를 통해 코끼리 부대가 진군해 온 것이다.

가까운 해로를 두고, 카르타고의 장군 한니발이 피레네 산맥, 알프스 산맥을 넘어 북쪽에서부터 로마를 공격해온 것인데, 현재의 스페인, 프랑스, 이탈리아의 국경을 넘어 1000km가 넘는 거리를 행군한 것이다. 코끼리 부대를 이끌고 험준한 눈 산을 넘는 이 행군은 지금 상상해도 마치 판타지 같다. 한니발 이후 나폴레옹이 등장하기까지 이천 년간 알프스 산맥을 넘은 군대가 없었다. 한니발 전쟁에서 간신히 로마를 지켜낸 이후로도 14년이 넘는 시간을 지속적으로 한니발 장군에게 시달리는데, 한니발 장군의 창의적인 공격에 대비하느라 로마의 무기와 전쟁 기술이 고도로 발달하게 되니, 한니발 장군이야말로 로마 제국의 탄생에 빼놓을 수 없는 공로자인

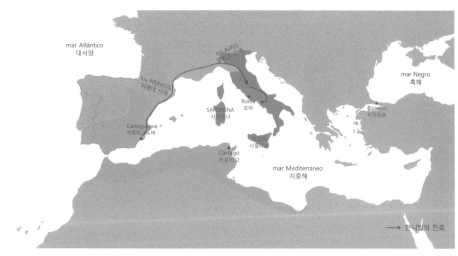

제 2차 포에니 전쟁 전의 로마령과 카르타고령 B.C 218-202

지중해 남쪽에서부터 세력을 확장하던 카르타고와 아펜니노 반도를 중심으로 성장하던 로마의 이권이 시칠리아 섬에서 충돌하면서 시작된 긴 전쟁 중 카르타고노바 지금의 카타르헤나Cartagena에서부터 로마를 향한 한니발 군대의 행로. 전쟁을 위한 여행이었지만 지중해 해안과 피레네 산맥, 알프스 산맥으로 이동하는 동안 그들 앞에 펼쳐진 풍경만은 굉장했을 것이다.

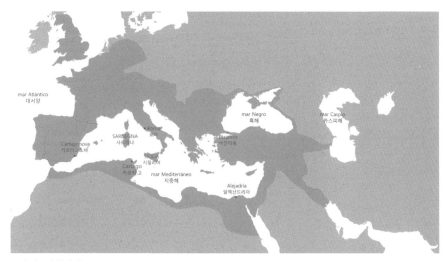

로마 제국의 최대 판도 A.C.117

지중해와 흑해를 내해로 소유했던 로마 제국의 전성기

셈이다. 어쨌든 이 충격적인 사건으로 인해 로마 공화정은 이베리아 반도를 점령해야 할 필요를 느끼게 된다.

2세기에 걸친 분투 끝에 기원전 15-10년, 로마 제국의 첫 황제, 아우구스투스(옥타비아누스) 치하에 이베리아 반도를 완전히 점령하여 현재의 바르셀로나에 "*Barcino*"라는 이름으로 도시를 건설한다. 당시의 바르셀로나 해안선 가까이에 솟은 언덕^{Monte Táber}은 아마도 방어를 위한 성벽을 건설하기에는 최적의 입지였을 것이다. 실용적이고 합리적인 민족 로마인들은 도시 건설에 있어서도 아주 체계적이었다. 먼저 측량의 중심점을 정하고, 그 지점에서 방위에 따라 동서와 남북으로 두 개의 축, 데쿠마누스^{Decvmanvs Maximvs}와 카르도^{Kardo Maximvs}를 도시 계획의 기준으로 삼고 성벽으로 둘러싸인 격자형 도시를 건설한다. 그리고 그 중심에 로마의 법률과 정치 발달의 공간적 근간이 되는 공공 공간 포룸^{Foro Romano, Forum Romanum}과 함께 신전을 건설했다. 바르셀로나의 포룸에는 아우구스투스 신전이 건설되었는데 현재에는 기둥 4개

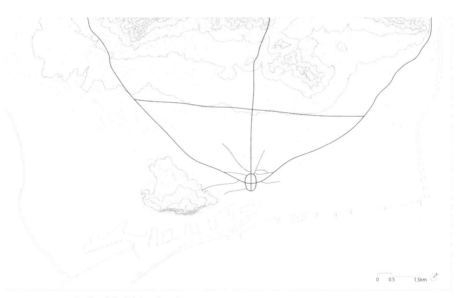

0   0.5   1.5km

바르셀로나에 건설된 로마 도시 B.C 15-10
따베르 언덕 위에 건설된 로마 도시와 도로, 가로로 세 개의 도로를 연결하며 지나가는 도로가 바로 경사의 기울기가 바뀌는 선. 현재의 뜨라베세라 데 그라시아 거리이다.

만 남아 있을 뿐이다.

또, 꼴세롤라 산에서부터 흘러내려오는 물줄기를 따라 수도교를 건설하여 수 킬로미터 떨어진 곳에서부터 물을 끌어다 성벽 안에까지 급수를 했는데, 그 수로의 아치 하나가 성벽에 붙어 현재까지 남아 있다. 또 최초로 기초 공사라는 것을 해가며 군용 도로를 건설했던 로마인들은 바르셀로나에도 로마 성벽의 다섯 성문에서부터 도로를 건설하였는데 현재까지 도로로 남아 바르셀로나의 도시 구조의 기초가 되고 있다. 그러니까 현재에도 2000년이 넘은 길을 따라 걷고, 구석구석 숨어있는 고대 로마의 성벽을 찾아 고대 로마인의 빛나는 문명을 느낄 수 있다는 이야기가 된다.

덧붙이자면, 이즈음 지구 저편 한반도에서는 청동기 문화를 바탕으로 성장한 고조선이 멸망하고(기원전 108년), 철기를 발달시켜가며 고구려, 백제, 신라의 삼국시대(기원후 3세기경)로 넘어가고 있었다.

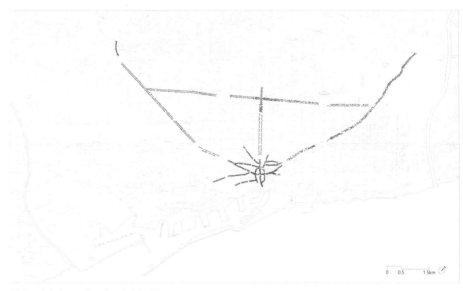

현재 도시에 남은 고대 로마 도시의 흔적들
지금까지도 도시의 중요한 근간을 이루며 그 일부는 이천 년이 지난 지금까지도 여전히 기능하고 있다.

3, 4세기 민족 이동의 시대, 훈족의 침입으로 유럽에서는 게르만족의 대이동이 시작되었고, 이는 지중해 전체를 지배하고 있던 로마 제국을 동서로 분열시킨다. 게르만의 일파인 서고트족이 로마로 진출하여 제국의 중심에서 치욕스러운 약탈을 일으키고, 그 일부는 이베리아 반도 북부로 진출하여 현재의 프랑스 남서 지방을 로마로부터 정식으로 양도받아 서고트 왕국을 세우고 이베리아 반도 대부분을 지배한다. 하지만 당시 학문과 기술이 발달하지 않았던 게르만족은 오히려 피지배자가 된 로마인들의 고도로 발달된 문화에 동화되었다. 특히, 이베리아 반도에는 서고트족에 비해 이스파노 로마인들의 수가 많았고, 심지어 카톨릭을 국교로 삼으면서 로마인들과의 문화적, 인종적 융합을 적극적으로 시도하였다. 아마도 당시 게르만족이 아펜니노 반도와 이베리아 반도에 도착했을 때 느꼈을 감정은 현대의 독일인이 스페인을 방문했을 때 느끼는 감정과 크게 다르지 않을지도 모르겠다. 춥고, 흐리고, 척박한 땅에 살다 남쪽으로 내려와서 보니 따뜻하고, 쨍쨍한 날씨에 황홀했을 것이고, 온화한 바다 지중해를 보고 또 황홀했을 것이고, 풍부한 농작물과 과일, 해산물에 또 또 황홀했을 것이다. 그렇게 1600년 전이나 지금이나 북방계 민족은 남쪽으로 참 꾸준히 내려온다. 주말이면 먹고 마시러 내려오고, 여름이면 해수욕하러 내려오고, 퇴직하고 나면 아예 전 재산을 다 싸가지고 이사를 오는 영국인들 독일인들이 많다.

어쨌든, 로마와 잘 융합했던 서고트 왕국은 300년만에 이슬람 제국의 진출로 멸망(711년)한다. 이리하여 이베리아 반도에 여섯 세기에 걸친 이슬람 제국의 지배가 시작되는데, 스페인에 현존하는 유일한 대규모 모스크^{Mezquita de Córdoba}가 있는 코르도바는 당시 이베리아 반도의 수도이자 중세 이슬람 문화의 중심지가 된다. 알람브라 궁전^{Alhambra}으로 유명한 그라나다는 이베리아 반도의 마지막 이슬람 세력의 수도였고, 무어왕의 거처였던 곳이다. 600년, 한국으로 치면 조선왕조 전체에 해당하는 기간 동안 이민족의 지배가 있었던 것이다. 유럽의 다른 지역에서 게르만족이 로마의 건축양식을 모방하면서 라틴적인 것과 게르만적인 것이 뒤섞이는 로마네스크 양식을 만들어내는 동안, 이베리아 반도는 이슬람 건축 양식의 영향을 강하게 받으면서 나머지 유럽과는 아주 다른 양상으로 발달하게 된다. 이 기간 동안, 선진 문명의 이슬람 세력이 이베리아 반도에 건설하여 남긴 유적들은 스페인의 문화유산 중에서도 가장 먼저 유네스코 문화재로 등재되어 현재 스페인이 덕보고 있는 중이다.

당시의 이슬람 제국은 그리스의 자연과학과 철학을 흡수하여 발전시키고, 법학, 신학, 수학, 천문학, 의학, 화학, 지리학을 바탕으로 발달된 문명을 이룩했다. 게다가 세계 공용화폐를 발행하고, 이베리아 반도에서 아시아에 이르는 대상업권을 형성하였는데, 고려시대에 우리나라까지 와서 무역을 하고 서방 세계에 "코레아(고려)"라고 알린 이들이 바로 이 이슬람 상인들이다. 이 진보한 지배자는 다른 종교를 가진 피지배자들에게 개종을 강요하지도 않았고, 납세만 하면 생명과 재산을 지켜주었다. 그렇게 이베리아 반도에는 또 한번 문화적, 인종적 융합이 일어난 것이다.

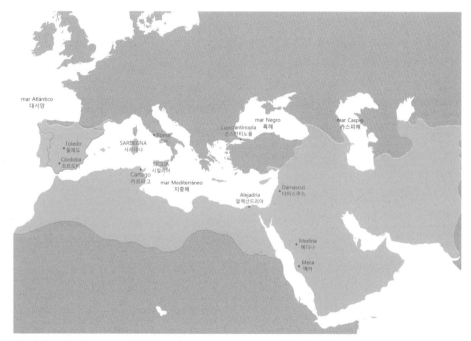

이슬람 제국의 최대 판도 A.D. 750-1258
이베리아 반도 북쪽, 대서양에 면해있는 아스투리아스 왕국을 제외한 반도의 대부분이 이슬람 제국의 지배를 받았다.

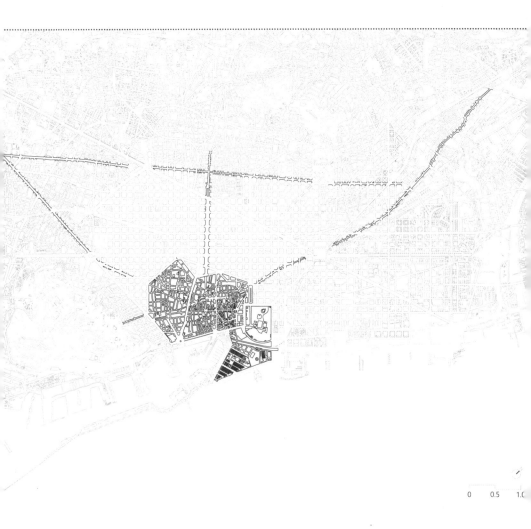

0   0.5   1.(

두 번째 성벽

고딕 지구 Barrio Gótico
보른 지구 El Born,

세 번째 성벽

라발 지구 El Raval

+주름
2
두 번째 성벽
고딕 지구^{Barrio Gótico} 보른 지구^{El Born},

세 번째 성벽
라발 지구^{El Raval}

8세기 이베리아 반도 내에서 이슬람 제국, 우마이야 왕조의 공격에도 굴복하지 않은 왕국이 하나 있었는데, 반도의 북서부, 아스투리아스 왕국이다. 가톨릭교회 국가의 국토 회복 운동^{Reconquista}이 시작된 곳이기도 한데, 특히 아스투리아스의 왕, 알폰소 2세의 업적이 대단하다. 당시 예수의 열두 제자 중 야고보 성인의 유골이 어디에 있는지 알려지지 않았었는데, 알폰소 2세는 이베리아 반도 북서 끝에서 야고보 성인의 유골이 발견되었다고 주장하여 프랑크 왕국의 카롤루스 대제와 교황을 전쟁에 끌어들였다. 영토 전쟁으로 시작했던 국토 회복 운동을 성지탈환 전쟁으로 성격을 바꾸어 놓은 것이다. 이베리아 반도에서 이슬람 세력을 몰아 내는 것은 종교적 정의를 실현하는 것으로 후에는 십자군 전쟁의 일환으로까지 포함되면서 프랑크 왕국과 교황의 지원을 받게 되었다. 야고보의 유골이 이베리아 반도 북서부 끝에서 발견된 것은 참 여러 가지로 신의 축복을 가져다 주었다. 이 발견으로 프랑스에서 피레네 산맥을 넘어 스페인 북부 전체를 관통하여 산티아고 콤포스텔라에 건설된 대성당까지 이어지는 성지 순례길이 생겨나는데 이것이 바로 까미노 데 산티아고^{Camino de Santiago} 순례길이다. 엄청난 수의 순례자들을 불러들인 이 중세시대 마케팅은 현재까지도 유효한데, 스페인 북부의 아름다운 풍광에다 교회나 수도원에서 제공하는 저렴한 숙박시설에, 도보여행의 열풍까지 더해져 전세계에서 여행자들을 불러들이고 있다.

생겨난 당시에도 순례길이라는 것이 수도사들이나 죄를 씻고 싶은 종교인들만 걸었던 길은 아니었다. 수도사들과 상인들, 기술자들이 무리를 지어 이동하였는데, 그렇게 수도사들에 의해 전달된 중세 서책들은 수도원의 수사들이 필사하여 저장하였을 것이고, 상인들에 의해 건너온 새로운 공예품들은 중세 예술을 전파하였을 것이고, 큰 성당의 공사에 참여 했던 건설 기술자들이 도시를 옮겨 또 성당을 건설하면서 비슷한 건축 양식이 발달, 전파되었을 것이다. 그렇게 이베리아 반도 북부에 지식과 재화, 예술, 기술이 전파되는 길을 갖게 되면서 프랑크 왕국과 적극적인 교류가 이루어진다. 게다가 이베리아의 왕국들은 순례길을 따라 내려오는 북방민족들에 대해 세금의 차별도 두지 않고 이민을 장려하였는데, 남쪽으로 이슬람을 몰아내는 전쟁을 하려면 인구를 늘려야 했기 때문이다. 그렇게 또 한번 이베리아 반도에서는 프랑

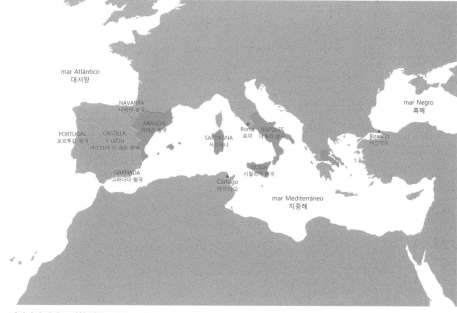

전성기의 아라곤 연합 왕국 A.D. XIV-XV
현재의 이탈리아와 그리스 일부까지 세력을 확장했는데, 그런 이유로 사르데냐 섬에는 여전히 까딸란어(아라곤어)를 사용하는 마을이 있다고 한다.

크족과의 문화적, 인종적 결합이 이루어진다.

이베리아 반도의 도시들 중에서도 특히 바르셀로나는 이슬람 제국과 프랑크 왕국이 번갈아 점령한 각축장이었다. 아스투리아스 왕국은 이후 레온 왕국으로 계승되었다가 다시 까스띠야 왕국에 흡수되었고, 12세기 중엽에는 이베리아 반도의 중, 북부 지방에서부터 그리스도교를 기반으로 네 개의 왕국이 세력을 형성한다. 바르셀로나를 포함한 까딸루냐 지방에 아라곤 왕국이, 마드리드가 있는 중부의 넓은 지방에 까스띠야에 레온 왕국이, 북쪽의 작은 영토에 나바라 왕국이, 그리고 서쪽에 포르투갈이 영토를 차지하였다. 그중 아라곤이 연합왕국Corona de Aragón으로 판도를 최대로 확장했을 때는 지중해 주요 섬들과 이탈리아 중남부, 그리스까지 진출하여 강력한 해양 왕국으로 군림하였다. 현재 이탈리아의 나뽈리에 스페인의 중세 건축물이 남아 있는 것도, 사르데냐 섬의 한 지역이 까딸란어를 쓰는 것도 아라곤 왕국의 지배로 인한 것이다. 아라곤 왕국은 사라고사를 수도로 삼았지만, 경제적 중심지는 항구를 끼고 있는 바르셀로나와 발렌시아였다. 이 시기, 로마 도시를 중심으로 확장된 중세 도시에 두 차례에 걸쳐 성벽이 건설되는데, 현재의 고딕 지구Barrio Gótico와 보른 지구

1627년 판화 Daniël Meisner
중앙에 솟아있는 종탑 중 왼쪽이 산타마리아 델 피 성당, 오른쪽이 대성당이고, 해변 가까이 솟아있는 쌍둥이 종탑이 산타마리아 델 마르 성당이다. 아직은 수도원과 목축지가 차지하고 있는 라발 지구와 밀도 높은 고딕 지구 사이에 건설되어있는 성벽이 바로 지금의 람블라스 거리가 있는 곳이며 그 오른편 끝에 현재는 해양 박물관으로 사용되고 있는 조선소도 확인할 수 있다.

1697년 N. De Fer

부르봉(프랑스)의 지도 제작자 De Fer가 군사적 목적으로 작성한 것으로 몬주익 언덕과 몬주익 성, 바르셀로나의 성벽과 성문, 그리고 항구 및 해안의 정보가 상세하게 묘사되어 있다. 성벽 안 도시를 반으로 가르고 지나가는 성벽이 바로 람블라스 거리.

El Born가 있는 곳이 13세기 성벽 안의 중세도시였고, 라발 지구El Raval가 있는 곳이 14세기에 확장된 중세도시였다. 그리고 두 중세도시가 만나는 경계의 성벽이 지금의 람블라스 거리La Rambla에 있었다. 바르셀로나에 중세 성당들이 지어진 때는 14세기, 바로 아라곤이 전성기를 맞이했던 시기, 그리고 프랑크 왕국에서 고딕 양식이 출현하여 전파되는 시기와 일치한다.

중세의 다른 유럽왕국들과 마찬가지로 아라곤 왕국도 국왕과 귀족들 사이의 세력다툼과 영토의 확장과 축소가 끊이질 않았는데, 1469년에는 아라곤의 왕 페르난도와 까스띠야의 여왕 이사벨라의 결혼으로 두 나라가 연합국인 에스파냐 왕국이 되고, 현재 스페인의 기초가 세워진다. 이후 국토 회복 운동이 더욱 공격적으로 전개되어 마침내 마지막까지 남아 있던 그라나다 왕국을 함락시키고 750년에 걸친 영토전쟁에 종지부를 찍는다. 이베리아 반도 전체를 점령한 그 해인 1492년, 이

사벨라 여왕의 후원으로 항해를 떠난 콜럼버스가 아메리카 대륙을 발견하면서 에스파냐 왕국의 전성기, 대항해 시대가 열리게 된다. 스페인은 아메리카 대륙 식민지에서 얻은 막대한 부를 바탕으로 지금의 중, 남부 아메리카, 미국의 남서부, 필리핀, 이

mar Atlántico
대서양

mar Pacífico
태평양

탈리아 남부와 시칠리아, 독일, 벨기에, 네덜란드의 영토를 정복하여 최초로 전 지구에 걸쳐 영토를 확장한 "태양이 지지 않는 제국"으로 16세기부터 17세기 중반까지 유럽에서 가장 강력한 제국으로 군림한다.

mar Pacífico
태평양

mar Índico
인도양

스페인 제국의 최대 판도 A.D. 1790
당시의 스페인 영토의 면적이 195,000,000㎢에 달한다. 현재 스페인 영토(505,370㎢)의 약 385배, 한국 영토
(99,720㎢)의 약 2천배.

0   0.5   1.0

네 번째 성벽
중세 방어선

✛주름
3
네 번째 성벽
중세 방어선

스페인 제국은 넓은 영토만큼이나 수많은 전쟁을 중세 내내 치뤄야했다. 네덜란드, 이탈리아, 프랑스와의 전쟁과 무적함대가 격파 당한 영국과의 전쟁 등에도 건재하였으나 17세기에 들어 정치, 종교 문제에 더해 18세기 왕위 계승 전쟁으로 쇠락하기 시작한다. 왕위 계승 전쟁은 1700년 스페인의 까를로스 2세가 직계 왕위 계승자가 없이 사망하면서 유럽 전체를 전쟁으로 휘몰아 넣은 사건이다. 까를로스 2세의 조카 앙주 공작 필리프가 왕위를 물려받게 되었는데, 문제는 공작 필리프가 프랑스와 루이 14세의 외손자이기도 했다는 점이다. 최대 강대국인 프랑스와 스페인이 한 나라가 되어 유럽 전체를 지배하게 될 것을 우려한 주변 국가들이, 필리프의 왕위 계승을 막기 위해 연합군을 형성하여 전쟁을 일으킨 것이다.

14년에 걸쳐 40만 명의 사상자를 낸 긴 전쟁은 마지막까지 프랑스의 공격을 버티던 바르셀로나의 항복으로 1714년 9월 마침표를 찍게 된다. 이 전쟁에서의 패배로 바르셀로나의 중세도시 동쪽에 거주자들을 강제 이주 시키고 군대가 설치 됐는데, 지금은 시우타데야 공원*Parc de la Ciutadella*이 되어있는 땅이다. 필리프는 스페인의 펠리페 5세로 즉위하였지만 프랑스의 왕위 계승권은 박탈당하고, 스페인이 지배하던 많은 영토를 유럽의 다른 국가에 양도하게 된다. 특히, 이 전쟁으로 30년간 아메리카와의 독점 무역권을 영국에 양도해야만 했다. 이후 영국에서는 아메리카 식민

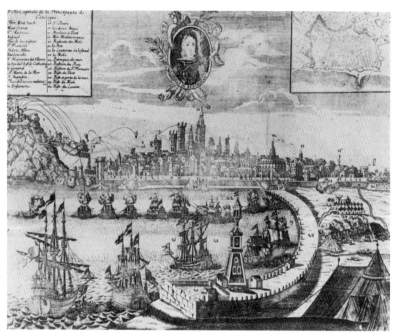

1706년
항구에서부터 바르셀로나를 공격하는 프랑스의 군대와 몬주익 언덕에서 포를 쏘아 방어하는 바르셀로나.

지와의 무역으로 쌓은 부를 바탕으로 산업혁명이 일어나고, 더 많은 자원과 큰 시장이 필요해지자 아시아와 아프리카 식민지를 개척하기 시작하는데, 그리하여 한 세기 후에 우리나라 조선 후기에도 영국의 이양선이 등장하니 왕위 계승 전쟁이 일어나지 않았다면 세계사가 지금과는 아주 달랐을지도 모를 일이다. 1800년대에도 전쟁이 끊이질 않았다. 나폴레옹이 스페인을 휘젓는 동안 라틴 아메리카의 스페인 식민지들이 하나 둘 독립하면서 강력한 전제 군주의 시대를 열었던 스페인의 제국 시대는 끝이 난다.

　바르셀로나로 돌아와서, 중세 내내 전쟁하느라 중세 성벽에서부터 쏘는 대포가 도달하는 반경 안에는 도시를 건설할 수가 없었다. 그렇게 성벽 안에 갇혀 살며 그 안에서 도시 밀도가 극심하게 높아진다. 게다가 1723년에서 1833년 사이 바르셀로나 인구가 3만에서 12만으로 네 배가 늘어나는데, 당시 산타 마리아 델 피 성당^{Santa} $^{Maria\ del\ Pi}$의 종탑에서부터 산타 마리아 델 마르 성당$^{Santa\ Maria\ del\ Mar}$의 종탑까지 직선 거리만 700m 되는 거리를 땅을 밟지 않고 지붕으로 건너갈 수 있었다고 한다.[1] 좁은 골목에 빛도 잘 들지 않았고 환기도 되지 않았으니 전염병이 창궐하는 것은 예정된 일이었던 셈이다.

중세에서 근대로 넘어가는 시기에 가장 먼저 시행된 도시적 과제 또한 극심한 밀도를 해소하는 것이었는데, 그 대안으로 유일하게 건축이 안 된 땅인 성당 주변의 묘지들을 없애고 그 자리에 광장이 계획되었다. 피 광장$^{Pl.\ Pi}$, 산 주스트 광장$^{Pl.\ Sant\ Just}$, 산 조셉 광장$^{Pl.\ Sant\ Josep}$, 산 아구스티 광장$^{Pl.\ Sant\ Agusti}$, 산타 마리아 델 마르 광장$^{Pl.\ Santa\ Maria\ del\ Mar}$, 산타 카테리나 광장$^{Pl.\ Santa\ Caterina}$ 등 바르셀로나의 구시가지에 성당을 끼고 있는 많은 광장들은 대부분 묘지가 있던 곳들이다.

1714년 J. Rigaud
9월 11일 아침, 항구에서부터 바르셀로나를 함락해가는 프랑스 군대.

---

1 Manuel de Solà-Morales, Diez Lecciones sobre Barcelona, COAC 2008, p. 45

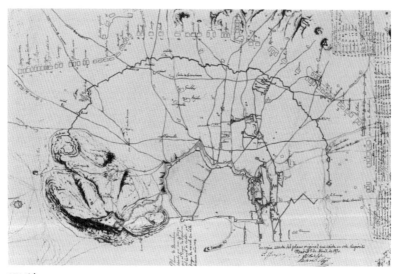

1714년

왕위 계승 전쟁의 마지막 전투. 고립되어 무기와 물자가 부족한 채로 끝까지 저항했던 바르셀로나를 반원으로 둘러싸고 공격하는 프랑스 군대.

1842년

나폴레옹의 몰락 후 왕정이 복구되고 스페인은 한 세기 내내 정치적으로 불안정했다. 1833년에서 1840년 사이에 있었던 내전의 끝 무렵, 바르셀로나에서는 몬주익 성에서부터 도시를 향한 폭격이 있었다.

나폴레옹의 군대가 바르셀로나를 점령했을 때에도 가장 먼저 점령하고자 했던 곳이 바로 몬주익 성으로, 몬주익 성은 외부의 적으로부터 방어를 위해서도 내부적인 통제와 통치를 위해서도 아주 중요한 고지였다.

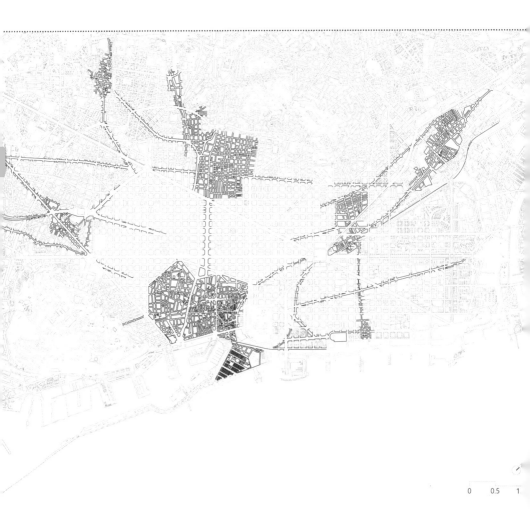

0   0.5   1

성벽 밖의
도시들

+주름
4
성벽 밖의
도시들

　중세 성벽 안의 한정된 토지 안에 지속적으로 증가하는 인구를 수용하지 못하고 1800년대부터 대포가 도달하는 반경 밖으로 마을들이 생겨난다. 지금은 바르셀로나 안에 편입되어 있는 마을들 산츠Sants, 사리아Sarrià, 그라시아Gràcia, 오르따Horta, 산 안드레우Sant Andreu, 엘 끌롯El Clot, 라 야꾸나 에 이까리아La Llacuna e Icària 지구가 중세 성벽 밖의 옛 마을들이다. 이런 마을들은 중세도시와도 다르고, 근대도시와도 다른 도시 조직과 스케일을 가지고 있는데, 그것이 지금까지도 독립된 도시일 때의 전통을 유지하면서 마을 문화를 형성할 수 있는 공간적 바탕이 되고 있는 것이다. 예를 들어, 각 마을마다 자체적인 커뮤니티를 유지하며 해마다 마을 축제를 개최하는데, 그중에서도 그라시아 지구의 마을 축제가 풍부한 이벤트와 일년치 재활용품을 이용해 만드는 기발한 볼거리들로 유명하다. 이런 장식들을 골목마다 매달아 놓은 그라시아 지구 특유의 풍경은 그 도로 폭에, 그 건물 규모에, 집집마다 테라스가 있기 때문에 가능한 것이다. 또 마을 곳곳에 한 블록 크기만큼 비워져 있는 작은 광장들은 도시 스케일의 공공 공간뿐만 아니라 마을 스케일의 공공 공간이 얼마나 주거 생활을 풍부하게 지원하는지 보여준다. 광장을 끼고 있는 바Bar의 테라스마다 주민들이 앉아 맥주를 즐기고, 아이들은 광장 바닥에 그림을 그리고, 주말이면 시장이 서기도 하고, 스윙 팀이 음악을 틀어놓고 떼로 춤을 추기도 하니 말이다.

　지금까지 이어져 오고있는 각 마을의 고유한 정체성과 분위기를 찾아 산책하는 것은 바르셀로나의 안의 또 다른 바르셀로나를 발견하는 즐거움을 안겨주곤 한다.

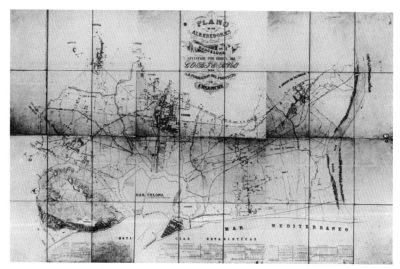

1855년 *Ildefons Cerdàà* 세르다가 작성한 지도로 군사경계 밖에 있는 주변 마을들과 그 마을들로 연결되는 도로, 따라고나와 연결하는 철도 계획, 강, 수로, 식생 정보를 포함하는 상세한 지도뿐만 아니라 아래에 건축 면적, 산업, 소비 시장 등의 통계자료까지 첨부되었다.

1855년 *Ildefons Cerdà* 지도 속에 검은색으로 표시된 부분이 각각 산츠, 사리아, 그라시아, 오르따, 산 안드레우, 엘 끌롯, 라 야꾸나 에 이까리아의 옛 마을들이다.

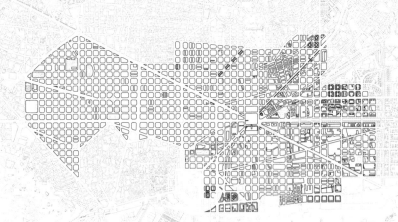

근대 도시

엑샴쁠러 *Eixample* 혹은 엔산체

Ensanche de Barcelona

+주름
5
근대 도시 엑샴쁠러*Eixample* 혹은
엔산체Ensanche de Barcelona

　중세 성벽 안 도시의 위생 문제가 심각해질 정도로 밀도가 올라가자 드디어 국왕이 바르셀로나의 도시 확장을 허락한다. 19세기 중반부터 마드리드, 산 세바스티안, 발렌시아 등 스페인의 여러 도시들에 도시 확장지구*Ensanche Eixample*가 계획되었는데, 바르셀로나는 1853년부터 지형도를 작성하면서 지금 도시와는 다른 여러 계획안들이 논의되기 시작했다. 이후, 1859년 바르셀로나 시에서 주관한 도시계획공모에서 안토니 로비라*Antoni Rovira i Trias*의 계획안이 당선되었으나, 1860년 국왕 명으로 까딸루냐 출신 공학자 일데폰스 세르다*Ildefons Cerdà*의 계획안을 바탕으로 도시를 건설한다. 그렇게 해서 주름4에서 언급했던 외곽의 마을을 모두 바르셀로나 안에 포함시키면서 중세도시와 연결하는 근대도시가 형성된다. 큰 구조를 형성하고 있는 도로로는 전부터 있었던, 그라시아 지구와 중세 성벽 안의 바르셀로나를 연결하는 도로 그라시아 거리*Paseig de Gràcia*, 지중해 바다와 평행하게 지나가면서 서쪽 요브레가트 강에서부터 몬주익 언덕 입구, 중세도시 한 모서리를 관통하면서 베소스 강까지 연결하는 그란비아*Gran Via de les Corts Catalanes*, 도시의 서쪽 끝 산 아래에서 동쪽 끝 바다까지 사리아, 그라시아, 그리고 이까리아를 연결하는 대각선 도로 디아고날*Avenida Diagonal*, 동쪽 끝 산 아래에서 산안드레우와 엘 클롯을 연결하면서 시타데야 공원으로 이어지는 메리디아나*Avenida Meridiana*, 마지막으로 그란비아와 항구

를 연결하면서 정동, 정서 방향으로 뻗어있어 그 한가운데로 해와 달이 뜨고 지는 빠
랄렐^{Avenida *Paral-lel*} 등이 있다. 그 사이 넓은 면적에 가로세로 113m x 113m 간격의
블록에 20m 간격의 도로가 반복된다. 처음으로 바르셀로나의 지도나 위성 사진을
보게되었을 때, 가장 놀랍고도 호기심을 불러일으키는 것이 바로 이 반듯하게 썰어
놓은 듯한 블록들일 것이다.

지형에 따라 구획되어 있던 농지를 계획 도시의 격자에 따라 나누고, 도로가 되
는 땅에 대해서는 보상절차를 거쳐 허허벌판에 건물 하나 없이 도로부터 낸 모습은
진귀한 장면이다.

1859년 *Ildefons Cerdàà*
상세한 분석으로 얻은 도시의 자연적, 인공적 정보들을 계획안에 완전히 포함시키며 하나의 큰 체계 아래
작동하도록 한 일데폰스 세르다의 바르셀로나 도시 확장 계획 도면.

가우디 *Antoni Gaudí i Cornet* 와
엑샴쁠러 *Eixample*

　가우디가 태어난 해가 1852년이니 가우디는 지금의 근대도시가 허허벌판 농지였을 때 태어났고, 가우디가 초등교육을 받기 시작할 나이쯤에 바르셀로나에 도시 확장을 계획하는 사건이 일어났다. 그러니까 가우디가 성장해서 바르셀로나에서 건축 교육을 받고 건축가로 활동한 때는 중세 도시의 성벽을 헐어내고, 원래 도시의 몇 배가 되는 면적에다 건축할 땅을 마련한 때였다는 이야기가 된다. 게다가 당시는 직물산업의 발달로 바르셀로나가 경제적으로 전성기를 누리면서 신흥 부르주아들이 건축가들에게 저택 건축을 의뢰하여 새로운 도시로 이주하던 때로, 그를 바탕으로 까딸란 모더니즘이 꽃피고 있었다. 이에 더해 화려한 건축과 공예문화 발달의 경제적 뒷받침이 되어준 사업가들 중에서도 19세기 말, 20세기 초에 가장 성공한 사업가인 구엘이 가우디의 최대 건축주이자 후원가가 되어주었으니 건축가로서는 더 바랄 수 없는 시대에 활동한 셈이다. 새로운 도시 건설, 새로운 기술의 발달, 경제 성장, 건축주의 전폭적인 지원이 합쳐져 가우디의 천재성이 유감없이 발휘될 수 있는 환경이 마련된 것이다. 가우디의 작품들 중 다수가 이 근대에 확장된 도시, 엑샴쁠러에 위치하고 있는데 가우디의 대표작으로 꼽히는 까사 바뜨요와 까사 밀라는 신도시의 중심거리인 그라시아 거리에 면해 있으며, 성가족 성당은 엑샴쁠러에 반복되는 113m x 113m의 블록 하나를 통째로 차지하고 건설된 건물이다. 가우디는 중세에서 근대로, 바르셀로나에 새로운 시대가 열리던 때에 변화하는 시대의 에너지를 건축에 쏟아부은 인물인 것이다.

주름 5. 근대 도시 엑샴쁠러*Eixample* 혹은 엔산체Ensanche de Barcelona 57

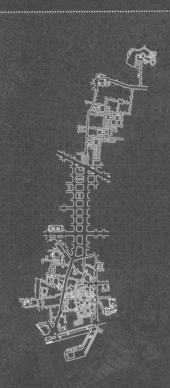

0   0.5   1km

구엘 공원 *Parc Güell*

에서부터

항구 *Port Vell* 까지

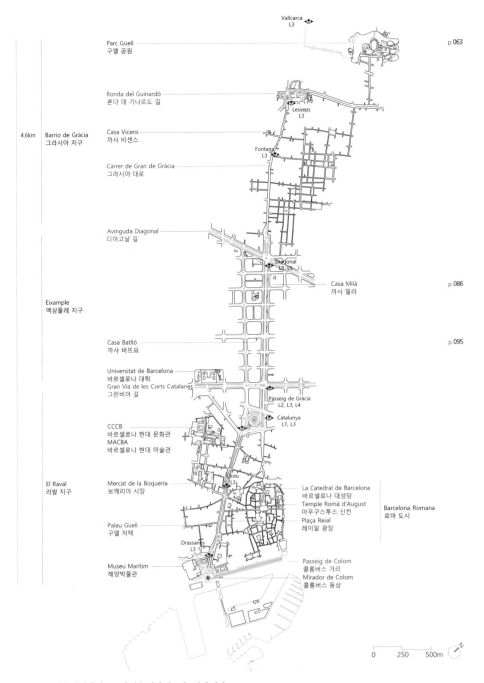

Vallcarca
L3

Parc Güell
구엘 공원   p.063

Ronda del Guinardó
론다 데 기나르도 길

Lesseps
L3

Barrio de Gràcia   Casa Vicens
그라시아 지구   까사 비센스

4.6km   Fontana
                                                         L3

Carrer de Gran de Gràcia
그라시아 대로

Avinguda Diagonal
디아고날 길

Diagonal
L3, L5

Casa Milà   p.086
까사 밀라

Eixample
엑삼플레 지구

Casa Batlló   p.095
까사 바뜨요

Universitat de Barcelona
바르셀로나 대학
Gran Via de les Corts Catalanes
그란비아 길

Passeig de Gràcia
L2, L3, L4

Catalunya
L1, L3

CCCB
바르셀로나 현대 문화관
MACBA
바르셀로나 현대 미술관

El Raval   Mercat de la Boqueria   Liceu
라발 지구   보께리아 시장   L3

                                                   La Catedral de Barcelona
                                                   바르셀로나 대성당
                                                   Temple Romà d'August
                                                   아우구스투스 신전   Barcelona Romana
Palau Güell   Plaça Reial   로마 도시
구엘 저택   레이알 광장

                        Drassanes
                        L3

Museu Marítim   Passeig de Colom
해양박물관   콜롬버스 거리
                                                   Mirador de Colom
                                                   콜롬버스 동상

0   250   500m   N

✚ 걷기
1
구엘 공원 *Parc Güell* 에서부터
항구 *Port Vell* 까지

자, 이제 걷는다. 산에서부터 바다까지 세로로 걸어 내려가자. 앞서 이야기한 각각의 시대들이 어떻게 도시 공간 안에 반영되었는지, 그 단서들을 찾아 주름잡아 걸어 내려간다. 계속해서 내리막길로.

24번 버스나 지하철 3호선을 이용해 구엘 공원에 도착해서부터 시작하자. 꼴세롤라 산맥에서 흘러내려와 형성된 언덕[주름. 0]위에 자리잡고 있는 구엘 공원 *Parc Güell* 의 엘 깔바리오 *El Calvario* 위에 올라서면 한눈에 도시 전체가 내려다 보인다. 그리고는 구엘 공원에서 비탈길을 따라 걸어 내려와 론다 델 기나르도 도로 *Ronda del Guinardó* 하나만 건너면 바로 중세 성벽 밖 도시들 중 하나인 그라시아 지구 *Vila de Gràcia* [주름. 4]로 들어간다. 골목들을 따라 내려오다 그라시아 대로 *Carrer de Gran de Gràcia* 를 건너가면 가우디의 작품 중에서도 이슬람, 페르시아, 인도, 일본 등의 동양 문화의 영향을 많이 받은 대표적 작품인 까사 비센스 *Casa Vicens* 도 찾아 볼 수 있다. 이어서 그라시아 지구의 격자형 골목들을 따라 걷다 보면 도로 하나를 경계로 갑자기 완전히 다른 스케일의 도시로 접어들게 되는데, 150년 된 근대 도시 엑샴쁠러 *Eixample* [주름. 5]로 들어선 것이다. 한 블럭만 걸어 내려가면 가우디의 마지막 완성 작품 까사 밀라 *Casa Milà* (또는 라 뻬드레라 *La Pedrera*)가 눈앞에 나타난다. 까사 밀라가 면해있는 도로 그라시아 거리 *Passeig de Gràcia* 는 근대 도시계획 이전부터 바르셀로나와 그라시아 마을을 연결했던 거리로 현재 바르셀로나의 중심축이 되는 거리다. 그 거리를 따라 까사 밀라에서 세 블럭만 내려가면 까사 바뜨요 Casa Batlló 뿐만 아니라 까딸란 모더니즘 Modernismo Catalán 시대의 여러 작품들이 그라시아 거리를 따라 계속 이어진다. 그리고 그라시아 거리가 끝나는 지점, 까딸루냐 광장을 경계로 남쪽으로 중세 도시[주름. 2]가 시작된다. 중세 도시 한 가운데를 뚫고 지나가는 람블라스 거리 La Rambla를 따라 라발 지구 El Raval와 고딕 지구 Barrio Gòtico가 연결되며, 거리 끝에 콜롬버스 동상 Colom이 바다[주름. 0]를 바라보고 서있다. 그리고 고딕 지구의 중심부로 들어가면 고대 로마 성벽 Muralla Romana, 성문, 수도교, 아우구스투스 신전 Temple d'August의 일부 등 2000년이 넘은 고대 로마 도시[주름. 1]가 중세 도시 곳곳에 숨어 있다.

걸어 내려오는 길 위에 있는 주요 명소들 이름만 나열해도 숨가쁘다. 이렇게 산에서부터 300년 된 도시, 150년 된 도시, 800년 된 도시, 2000년 된 도시를 관통해서 바다까지 내려오는 거리가 고작 4.6km 밖에 되지 않고, 걷는 내내, 계속해서, 끊임없이 볼 것들이 이어지니 보고 다니자면... 걷는 수밖에 없다.

구엘 공원 *Parc Güell* 1900-1914

　어떤 공간들은 매우 자극적이다. 그림이나 조각, 음악, 음식, 향기, 스킨십같이, 혹은 그 총체로 다섯 감각을 사정없이 자극하여 깊은 감동을 주거나 예상치 못한 욕망을 일깨우기도 하는 것이다. 화려한 색깔의 타일이 반짝이는 벤치가 물결치고, 그 너머로 지중해 바다까지 도시가 펼쳐져 있는 구엘 공원의 풍경 앞에서는 뭔가 특별한 사건이라도 일어나야만 할 것 같다. 그렇게 영화 "스페니쉬 아파트먼트" 속 두 주인공 자비에와 안네소피는 구엘 공원의 독특한 풍경에다 바르셀로나의 작열하는 태양이 더해져 격렬한 화학 반응이라도 일어난 듯 불안정한 감정과 욕망을 쏟아 놓고, 영화 "비키, 크리스티나, 바르셀로나" 속 비키는 구엘 공원에서 우연히 마주친 후안 안토니오에게 스스로도 부정하고 싶었던 진심을 직설적으로 털어 놓는다. 주인공들이 이성의 껍질을 벗고 숨겨진 내면을 드러내는 데에 그럴듯한 구실이라도 제공하는 듯 구엘 공원에다 주인공들을 대려다 놓은 감독들의 선택이 우연은 아닐 것이다. 구엘 공원은 그렇게 자극적이다. 환상 속의 이미지를 재료를 가지고 구현해 놓은 것 같은 비일상적인 곳이다.

　그런데, 사실 가우디는 이곳을 아주 일상적인 공간, 그러니까 주거 공간으로 계획했었다. 다시 말해, 구엘 공원은 원래 공공 공원을 만들려던게 아니었던 것이다. 당시 시대를 보면 반세기 전에 영국에서부터 산업혁명이 일어나면서 영국을 선두로 새로운 동력과 새로운 재료들의 개발로 교통수단이 바뀌고, 철구조로 대공간을 건설하게 되고, 각국에서 만국박람회를 앞다투어 개최하는 등 근대사회로의 변혁이 정점에 다다른 때다. 산업화로 인해 농촌에서 도시로의 이주가 진행되고, 초기 산업도시들은 일찍이 인구과밀화로 인한 도시 문제를 겪게 된다. 이런 배경으로 영국에서는 산업화 시대의 부호들이 도시 근교에 인공적인 자연환경을 건설해가며 도시생활과 전원생활을 모두 만족시켜줄 "전원도시 *Garden City*"를 건설하기 시작한다. 구엘 공원은 이런 영국식 전원도시를 바르셀로나에 구현하고자 하는 구엘의 소망에서부터 시작된 계획안이었다. 관리소 입면과 담벼락에 구엘 공원을 영문 *Park Güell*으로 새겨넣은 것도 그 때문일 것이다. 언덕 전체 면적에 걸쳐 주택 건설을 위한 60개 택지를 조성하고, 그 60 가구가 듬성듬성 놓일 거대한 정원의 설계를 가우디에게 의뢰했던 것인데, 분양된 택지는 고작 세 개 뿐이었다. 재밌는 것은 세 가구 중 하나가 현재 학교로 사용하고 있는 구엘이 거주했던 집이고, 다른 하나가 현재 가우디 박물관으로 사용하고 있는 가우디와 그의 아버지가 함께 살았던 집, 마지막은 구엘과 가우디의 친구인 변호사 마르티 트리아스의 집이었다는 사실이다. 사업은 실패했지만 스스로 이상적이라고 생각하는 주거 공간을 구축하고 그 속에서 생활을 영위할 수 있었으니, 그들에게는 구엘 공원이 말 그대로 유토피아였을 것이다. 건축주와 건축가 그리고 그들의 친구가 이웃이 되어 살면서 17만 제곱미터 면적의 언덕을 통째로 정원 삼아 산책하고 다녔을 걸 상상하면 조금 우습기도 하다. 그 이후, 1918년에 구엘이 사망하고 바르셀로나 시가 상속자로부터 구엘 공원을 사들여, 1926년 공공 공원으로 개방하게 되었다.

공원 전체에 자연의 유기체적인 요소와 동화적인 요소가 지형에 적응해가며 어우러지는데, 공원 입구의 관리소부터 벌써 바삭바삭하고 달달하게 생겼다. 입구를 포함한 공원의 구조물들은 대부분 완전히 다듬지 않은 돌을 쌓아 건설한 위에 타일을 조각 내어 마감하고, 난간과 문들은 철로 만들어 달았다. 특히, 타일을 작게 조각내어 마감하는 기법을 뜨렌까디스^{trancadis}라고 하는데, 타일 회사 사장이 건축주였던 까사 비센스 건축 이후로 타일은 가우디가 즐겨 쓰는 마감재가 되었다. 조각조각 알록달록하게 타일을 붙여 놓은 것이 아주 장식적으로 보이는데, 더 잘게 조각낼 수록 격한 곡면을 표현하기 좋고, 모르타르를 발라 타일로 마감한 것은 그대로 방수재가 되니 지붕 마감재료로는 시공상으로도 좋은 선택이 된다. 그러니까 관리 사무소의 두 건물은 비가 와도 건물이 젖지 않는 방수 모자를 쓰고 있는 셈이다.

종려나무 잎을 넣어 디자인한 정문을 지나 내부로 들어서면 로마의 스페인 광장을 연상하게 하는 웅장한 계단이 이어지는데 바로 거기에 만지면 소원을 이루어 준다는(??) 도마뱀이 입에서 물을 뿜고 있다. 그 위는 원래 시장으로 계획되었던 공간

구엘 공원^{Parc Güell}

17만 제곱미터의 언덕에 60가구가 들어가는 주거 단지로 만들려던 계획은 실패로 돌아가고, 1926년부터 넓은 녹지와 함께 공공 공원으로 사용되고 있다. 주민들에게는 조깅하고, 애완견과 산책하는 동네 공원이 유네스코 세계문화유산이란다.

으로 그리스 도릭 양식의 기둥들이 거대한 테라스를 지지하며 서있다. 기둥 사이로 천장을 올려다 보면 해와 달 문양의 장식이 또 화려한데, 자세히 살펴보면 유리병이나, 찻잔, 접시 등을 조각 내어 재활용한 것들이다.

역시 타일을 재활용하여 마감한 테라스 위의 벤치는 총 길이가 110m에 달하는데, 타일의 패턴이 반복되는 곳이 한 곳도 없다. 구불구불 감겨있는 곳에 여럿이 앉으면 둘러앉게 되어 얼굴 보며 대화 나누기도 좋고, 형태도 아름다워서 곡선으로 디자인한 것처럼 보이는데, 그 형태 자체로 구조와 일치하는 선이기도 하다. 도릭 기둥들이 서있는 아래에서 올려다 보면 기둥이 지지하고 있는 면을 따라 절개한 것이 그대로 벤치의 형태가 된 것을 확인할 수 있다. 그리고 그 둘레를 감아 구불거리는 벤치 뒷면에는 계획된 배수로가 있어 이슬과 빗물을 모아 도릭 기둥 속의 배수관을 통하여 지하 물탱크로 저장하게 되어 있다. 이렇게 저장된 물을 도마뱀이 입에서 뿜는 것이다. 한편, 단면상에서도 등받이 부분, 허리와 엉덩이가 닿는 부분, 무릎을 구부리면 발이 닿는 부분 등이 온통 곡선인데, 각 부분의 곡률과 치수가 우연일 수 없는 것이 앉아 보면 너무 편안하다. 작은 디테일 하나에서 까지도 인체 치수에 대한 건축가의 깊은 이해와 사용자에 대한 배려가 느껴지는 것이다.

1 지금은 선물 가게와 박물관으로 사용되고 있는 관리소. 오른쪽 박물관 건물의 위층으로 올라가면 층층의 공원 전체가 한 눈에 들어온다.

2 테라스의 벤치 너머로 내려다 보이는 바르셀로나 전경. 왼쪽으로 타워 크레인이 솟아있는 성 가족 성당의 모습도 보인다.

3 천장을 받치고 있는 오목한 돔들은 그 위 테라스의 하중을 분산하여 기둥으로 보내는 구조 단위이자 뜨렌까디스 기법의 장식이 화려한 또 하나의 이면이다.

4 기둥의 모서리들을 연결하며 구불구불 절개된 가장자리의 형태는 그대로 그 위 테라스 벤치의 형태가 된다. 바꿔 말하면, 벤치의 물결치는 형태는 그것을 지지하고 있는 기둥 배치와 일치하여 그 자체로 구조적이다.

 테라스에서부터 택지로 예정했던 언덕 위까지 산책로가 계속해서 이어진다. 특히 테라스에서 동쪽 경사를 따라 S자로 구불구불 구름다리를 형성하며 연결되는 산책로는 인공 구조물과 자연 지형의 조화의 극치를 보여준다. 원래 지형과 경사가 맞는 자리는 지형 위에 산책로가 올려져 있고, 경사가 급해 완만한 계단이 될 수밖에 없는 자리는 구름다리가 되어 지형 위로 나른다. 도면으로 보면 등고선이 심하게 모이거나 찌그러진 자리가 하나도 없는데, 자연 지형은 원래 경사대로 흐르고, 그 위로 인공의 산책로가 지형을 변형시키지 않고 지형과 만났다 떨어졌다 하는 것이다. 이렇게 만들어진 완만한 경사로는 걷기도 편할 뿐 아니라 휠체어나 유모차, 자전거로 산책하기에도 문제가 없다. 이 산책로에 있는 세 개의 구름 다리를 지지하는 구조는 각각이 스타일이 다른데 위에서부터 로마네스크, 바로크, 고딕 양식을 재해석 한 것으로, 공통점이라면 완전히 다듬지 않은 돌을 쌓아 재료의 물성을 그대로 표현하고 있다는 점이다. 겉으로는 모양도 크기도 제각각인 돌이지만 안으로는 각각이 만나는 사면이 치밀하게 짜여 지지하고 있는 것이니 현장에서 돌 하나하나의 생김을 고려해가며 일일이 감독했을 건축가의 모습이 상상된다.

1 세 개의 기둥 위로 세 개의 아치가 만들어내는 삼각형의 돔이 하나의 구조 단위로 그것이 반복되며 만들어내는 천장 아래의 공간이 아주 매력적인데, 바로 구름다리의 구조들로 그 위로는 산책로가 원래의 지형을 연결하며 이어지는 것이다.

2 사진의 오른쪽으로는 원래의 지형이 그대로 흘러내려가고, 왼쪽으로는 산책로가 지형에서 떨어져 나와 구조체가 되어 나른다. 구름다리 위로 솟아 반복되는 기둥들이 장식적으로 보이는데 사실은 구름다리 양쪽으로 이어지는 벤치를 고정하고 지탱해주는 구조체로 그 위에 계획된 화분 또한 하중을 더해 구조를 돕는다. 또 놀라운 것은 이 화분 속에 높은 위치에 대한 관리를 고려해 물을 주지 않아도 되는 수종이 심겨 있다는 점이다.

1 원래 지형에 속한 나무와 그것을 감고 지나가는 인공의 구조물이 조화되어 만들어내는 풍경이 환상적이다.

2 지형의 높이 차이 때문에 계획된 옹벽 구조물조차도 매력적인 산책로로 만들어낸 것이 놀랍고 감동적이다.

3 카리아티드 여인상 기둥

4 대장장이 집안 출신인 가우디가 철이라는 재료를 얼마나 잘 이해하고 솜씨 있게 다뤘는지 공원 곳곳의 철제문들마다 그 자체로 하나의 완성된 작품이다.

또, 테라스에서 서쪽으로는 지형의 높이 차이가 나는 곳에 옹벽과 함께 계획해서 넣은 주랑이 장관이다. 주랑의 기둥들의 생김을 들여다 보면 그중 하나만이 여인상 기둥(카리아티드)인데, 페르시아와 그리스의 전쟁에서 그리스를 배신하고 페르시아 편에 섰던 카리아의 여인들을 벌하는 의미로 조각된 것이 여인상 기둥의 기원이다. 때문에 이 카리아티드와 테라스 아래의 고대 그리스 양식의 기둥들을 포함하여 도마뱀 분수와 그 위에 있는 뱀을 델포이 신전의 이무기 피톤으로 해석하여 구엘 공원의 요소들을 그리스 신화의 서사로 설명하기도 한다.

그러나 공원 전체로 보면 고대 그리스 뿐만 아니라 로마네스크, 르네상스, 바로크, 고딕까지 가우디의 건축적 레퍼런스는 모든 시대를 넘나들고 있으며, 여러 시대를 거쳐 발명된 건축적 해법들을 가우디 본인의 건축 철학-자연에 대한 경외-에 담아 재해석하고, 그것을 근대적 기술로 실현해낸 결과물이 그의 건축인 것이다.

한편, 원래 지형을 살리고, 현장에서 나는 재료를 이용해 건축하며, 타일, 유리병 등을 마감재로 재활용하고, 빗물을 모아 용수로 사용하는 것 등은 현대에 와서 중요하게 이야기되는 친환경 건축이나 지속가능한 건축의 요소들을 100년 전에 실현해 놓은 것이니 그 과정에서 얼마나 많은 질문과 고민의 시간들을 보냈을지 상상조차 하기 힘들다.

마지막으로, 아주 독실한 가톨릭 신자였던 가우디가 구엘 공원의 언덕 높은 곳에

Rio Besòs
베소스 강

Torre Agbar
악바르 타위

Sagrada Familia
성가족 성당

Parc de la Ciutadella
시우타데야 공원
Arco del Triunfo
개선문

Passeig Sant Joan
산 주안 길

La catedral
de Barcelona
대성당

작은 예배당을 짓고자 했던 계획이 실현되지 못하자 대신하여 "예수의 수난"을 상징하는 기념물로 건축한 엘 깔바리오^{El Calvario}(십자가의 길, 십자가가 있는 마을 교외에 있는 장소)에 올라가자. 멀리 몬주익 언덕과 지중해, 그리고 두 강을 끼고 건설된 바르셀로나 도시 전체가 눈 앞에 펼쳐진다.

www.parkguell.cat

엘 깔바리오에서 내려다보면 뒤로 꼴세롤라 산맥, 앞으로 지중해 바다. 왼쪽으로 베소스 강, 오른쪽으로 요브레가트 강을 네 경계로 그 안에 펼쳐진 바르셀로나 도시가 한 눈에 들어온다.

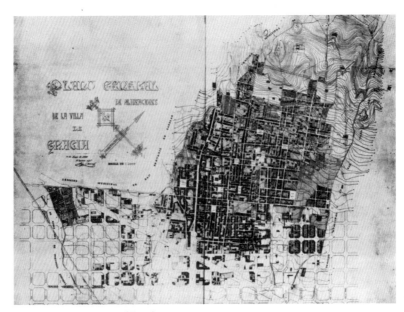

1889년 *Villa de Gràcia* 계획 도면
상세한 지형 정보 위에 그려진 그라시아 지구의 잘게 나눠진 필지와 좁은 골목들이 이웃한 엑샴쁠러 지구의 113미터 폭의 블록과 20미터 폭의 도로와 대비된다.

그라시아 지구 *Vila de Gràcia* [주름. 4]

관광객들로 북적이는 구엘 공원을 뒤로하고 그라시아 지구로 내려가면 바르셀로나 거주자들의 생활을 엿볼 수 있는 풍경들이 나타난다. 어떤 집에 살고, 어떤 곳에서 어떤 식재료를 사다 요리를 하고, 어떤 곳에서 쇼핑을 하고, 어떤 꽃과 나무를 테라스에 즐겨 키우고, 어떤 애완견을 대리고 산책하는지 골목마다, 모퉁이마다, 작은 광장들마다 생활상으로 가득하다. 가로수를 한 쪽으로 심을 수밖에 없는 넓지 않은 폭의 길에 상점들이 이어지는 그라시아 지구의 길도 참 아기자기하고 예쁜데, 가로수도 다양하다. 봄이면 오렌지 나무에 하얀 꽃이, 띠뿌아나 나무^{tipuana tipu}에 노란 꽃

Gràcia - Vila de Gràcia
그라시아 지구 – 빌라 데 그라시아

이 그리고 하까란다 나무^{jacaranda}에는 연보라색 꽃이 만발한다. 그리고 초여름이 되면 떨어지는 꽃잎으로 바닥이 물드는 것이다.

개인적으로 가장 좋아하는 길은 베르디 길^{Carrer de Verdi}인데, 독립영화, 예술영화를 주로 상영하는 아주 작은 규모의 영화관, 빈티지 가게, 업사이클링 인테리어 소품가게, 뒤로 공방을 끼고서 수제로 제작한 가죽제품이며 액세서리, 의류, 신발 등을 파는 디자인 가게들이 모여 그라시아 지구 특유의 분위기를 자아낸다.

먹을 곳
마실 곳
쇼핑할 곳 ⌐

Café del teatro

C/Torrijos 41 +34 934 160 651

www.facebook.com/elcafedelteatre

월-목 9.00-2.30 금 9.00-15.00

토 10.30-3.00 일 18.00-0.00

또리호스 길 *Carrer de Torrijos* 자체도 그라시아 특유의 분위기가 가득해 걷기에 즐겁고, 그 길 위에 있는 까페 델 떼아뜨로는 작고 조용한 분위기에 모여 앉아 대화하기 좋아 단골 주민들이 많다. 낮에는 간단한 요리와 간식, 저녁에는 칵테일을 즐길 수 있는 빈티지한 카페. 종종 라이브 연주가 있기도.

Polleria Fontana

C/Sant Lluís 9 +34 932 173 904

화-목 18.00-24.00 금-토 6.00-1.00

-

이름이 닭 파는 가게 *Polleria* 인데, 닭요리 전문점은 아니고 그 자리에 1935년부터 1997년까지 닭고기 정육점이 있었기 때문에 붙인 이름이다. 기본 따빠스 *Tapas* 가 맛있는 집인데, 그라시아 지구에서 닭고기 크로켓과 또르띠야가 가장 맛있는 집이라고. 코카빵 *Pan de coca* 에 나오는 토마토 빵 *Pan con tomate* 도 맛있고, 문어 구이도 추천.

La Vermu

C/Sant Domènec 15

www.facebook.com/lavermubcn

월-목 18.30-0.00

금, 토 12.30-16.30, 19.30-0.30

일 12.30-16.30, 19.30-0.00

-

산도메넥 길 *Carrer de Sant Domènec* 을 따라 걷다 보면 빨간문이 양쪽으로 활짝 열려있는 뒤로 한눈에 가게 전체가 보이는 빈티지한 작은 바 *bar* 의 조명 아래 사람들이 줄지어 앉아 갈색 음료를 마신다. 바로 베르뭇이라는 술인데, 그에 어울리는 기본 따빠스도 맛있는 동네 술집이다. 동네 현지인들이 지나가다 한 잔하고, 또 지나가다 그를 본 이웃이나 친구가 같이 한 잔 하고 가는 곳.

따빠스 Tapas

따빠스 *Tapas* 는 특정 요리의 이름이 아니라 1/4인분씩 파는 간식 또는 안주 같은 요리들로 그 종류는 채소, 육류, 해산물 요리, 디저트 요리까지 매우 다양하다. 그중에서도 따빠스를 파는 가게라면 빠지지 않는 메뉴가 식초에 절인 올리브 아세이뚜나 *Aceituna*, 매운 토마토 소스와 마늘 향이 나는 마요네즈 *alioli* 에 찍어먹는 스페인식 감자 튀김 빠따따스 브라바스 *Patatas bravas*, 집집마다 할머니 조리법 하나 씩은 있는 스페인식 오믈렛 또르띠야 *Tortilla*, 돼지 뒷다리를 익히지 않고 8-36 개월을 가공해서 만드는 하몬 *Jamon* 등이다. 특히, 까딸루냐 지방은 이런 요리들을 토마토를 바른 빵과 함께 곁들여 먹는데, 바게트나 코카빵에 마늘을 잘라 단면으로 문지르고, 토마토를 바른 후 소금과 올리브 유를 뿌린 빤 꼰 또마떼 *Pan con Tomate* 위에 하몬이나 치즈를 얹어서 먹곤 한다.

베르뭇 Vermú

가게 이름이기도 한 베르뭇 *Vermú* 또는 *Vermut* 은 이탈리아, 프랑스 등 유럽 여러 나라에서 허브와 함께 담아 마시는 와인의 한 종류인데, 스페인에서도 올리브와 함께 즐겨마신다. 특히, 베르뭇이 입맛을 돋운다고 해서 아침식사와 점심식사 사이에 식전주로 마시기도 한다.

Olokuti Gràcia

C/Astúries, 38 +34 932170070

월-목 10.00-21.30 금-토 10.00-22.00

-

서적과 문구류를 파는 가게인데, 가게와 상품 디자인도 좋지만 안으로 들어가면 테이블과 의자가 마련되어 있는 예쁜 정원이 하나 숨어있다. 거리에서 보는 그라시아 지구의 입면뿐만 아니라 뒤로 난 중정에 면해 있는 입면의 풍경을 엿볼 수 있겠다.

Salvador Mallol Joier

C/Verdi 27 +34 933 686716

mallol.com

월 17.00-20.30

화-토 11.00-14.00, 17.00-20.30

-

그라시아 지구에 있는 공방에서 디자인하고 제작한 장신구들과 시계 브랜드 No-mos Glashütte의 레어 아이템들을 찾을 수 있는 가게.

Bar But

C/Bonavista 8

www.barbut.es

월 9.00-16.30

화-금 9.00-16.30, 18.30-23.30

토 10.00-17.00, 18.30-0.00

-

화창한 날이면 통째로 위로 활짝 열어놓은 창문 너머로 입구의 폭만큼 밖에 안 되는 작은 공간에 사람들이 가득 차있는 것이 보인다. 따뜻한 나무 인테리어의 카페 같은 분위기지만, 카페 뿐만 아니라 음식이 맛있는 집이다. 전형적인 메뉴가 아닌 개발요리가 많은데, 특히 와플 모양으로 찍어낸 감자 요리에 사이사이 두 가지 소스가 체스판처럼 담겨 나오는 고프레 데 브라바스 *Gofre de Bravas*가 인기

Fulanitu i menganita

C/Verdi 25 +34 935 131954

fulanituimenganita.blogspot.com.es

월-토 11.00-21.00

-

오래된 여행용 가방을 재활용하여 만든 간판부터 독특하다. 인테리어 소품들과 가구 디자인 가게로 버려진 창문틀이나 문짝 등을 재활용하여 디자인한, 아이디어가 돋보이는 제품들로 가득하다.

D-lirio

C/Verdi 11 +934 160681

dlirioshop.com/es

월-토 11.30-14.00, 17.00-21.00

-

가게 뒤로 붙어 있는 공방에서 디자인하고 제작한 장신구들과 가죽 가방을 판매하는 가게. 가죽 가방은 계절마다 이탈리아에서 가죽을 수입해온 만큼만 제작하고 계절이 바뀌면 디자인을 바꿔 새로 재료를 수입하니 모두 세상에 몇 개 없는 제품인 셈이다.

그라시아 거리 *Passeig de Gràcia* [주름. 5]

그라시아 지구의 골목들을 따라 걸어 내려오다보면 가로로 뻗은 도로 하나*Carrer de Còrsega*를 경계로 갑자기 도로 폭, 속도, 건물 규모가 확연히 바뀌는데, 바로 근대 확장도시 엑샴쁠러*Eixample*로 들어선 것이다. 엑샴쁠러의 여러 도로 중에서도 20세기 초 부르주아들의 거주 중심지였던 그라시아 거리*Passeig de Gràcia*를 따라 걸어 내려가면, 곳곳에 당시에 건설된 까딸란 모더니즘의 유산들이 가득하다. 당시 그라시아 거리에는 우마차와 자동차가 섞여 다니고, 중절모를 쓴 양복차림의 신사와 레이스 가득한 드레스에 양산을 손에든 숙녀가 거닐었을 것잇다.

그라시아 거리에 들어서자마자 식물의 형상이 아주 섬세하게 양각된 육각의 타일을 밟게 되는데, "*Panot Gaudí*"라고 부르는 가우디의 작품이다. 원래는 1904년, 세라믹으로 구워 까사 바뜨요의 내부 바닥 마감으로 사용하려고 디자인 했던 것인데 제작이 늦어져 사용하지 못하고, 다음 작품인 까사 밀라의 내부 마감에 사용하게 되었다. 까사 밀라 내부에 들어가면 같은 디자인의 에메랄드 색 세라믹 타일이 깔린 바닥이 보존되어있다. 그라시아 거리 전체에 빠놋 가우디*Panot Gaudí*가 깔리게 된 것은 2002년의 일로, 가우디 탄생 150주년을 기념하여 디자인은 원형 그대로 사용하고 재료만 바꿔 외부 바닥 마감재로 제작한 것이다. 자세히 들여다보면 모듈은 육각이지만, 육각의 면을 삼등분한 부분이 옆 타일의 그림들과 합쳐서 하나의 형태를 이루기 때문에 그림은 세 가지만 반복된다.

한편, 넓은 도로 양쪽으로 보도를 따라 플라타너스 가로수들 사이로 곡선으로 휘어 감긴 가로등이 하얀 타일을 조각내어 마감한 벤치와 일체형으로 디자인되어 세워져 있는데, 그것 역시 까딸란 모더니즘 시대의 것으로 1906년 건축가 페레 팔께스 *Pere Falqués i Urpí*가 디자인한 작품이다.

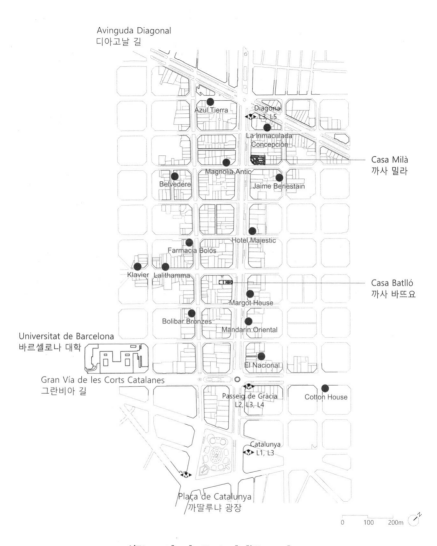

Avinguda Diagonal
디아고날 길

Azul Tierra

Diagonal
L3, L5

La Inmaculada
Concepción

Casa Milà
까사 밀라

Magnolia Antic

Belvedere

Jaime Beriestain

Hotel Majestic

Farmacia Bolós

Klavier Lalithamma

Casa Batlló
까사 바뜨요

Margot House

Bolibar Bronzes

Mandarin Oriental

Universitat de Barcelona
바르셀로나 대학

El Nacional

Gran Vía de les Corts Catalanes
그란비아 길

Passeig de Gràcia
L2, L3, L4

Cotton House

Catalunya
L1, L3

Plaça de Catalunya
까딸루냐 광장

0   100   200m

L'Eixample - la Dreta de l'Eixample
엑샴쁠러 지구 – 드레따 데 엑샴쁠러

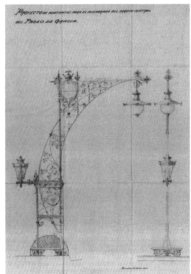

1 건축가 페레 팔께스*Pere Falquées i Urpii* 의 가로등

2 빠놋 가우디*Panot Gaudi*
모듈은 육각이지만 그림은 세 가지만 반복된다.

까딸란 모더니즘 *Modernismo Catalán*

식민과 전쟁으로 근대를 맞이했던 우리에게는 "근대의 유산"이라는 말이 참 생소하다. 식민기간 동안 건설된 근대 건축물들은 대부분 철거되었거나 남아 있다 해도 정서적으로 거부감이 있고, 해방 이후로도 급속히 서구화가 진행되면서 전통 건축과 근대 건축 사이에서 독자적인 길을 모색할 겨를 없이 근대 건축이 수입되었기 때문에 근대의 생산물들에 대해서는 그 가치를 논하는 시도가 거의 없었던 것이다.

서구 사회에서는 산업 혁명 이후 사회상이 근본적으로 바뀌면서 새로운 시대를 맞이하는 여러 움직임과 시도를 통해 근대 건축이 탄생되었다. 새로운 건축재료인 콘크리트, 철, 유리를 통해 새로운 구조가 가능해졌고, 이를 바탕으로한 시도들이 나라별로 또는 지역별로 다양한 조형수법으로 나타났다. 그중에서도 스페인의 까딸루냐 지역은 공업적, 산업적 조형을 거부하고 아르누보의 영향을 강하게 받아 공예 기술과 함께 새로운 조형언어를 발달시키며 근대적 건축의 흐름을 열었다. 이러한 근대의 건축물은 현재 바르셀로나의 소중한 유산들이 되어 있다. 근대를 연구하는 학자들은 이 시대에 생산된 건물 내부 바닥 타일의 디자인과 그 디자인이 생산된 연도, 생산 공장, 그리고 그것을 모방하여 다른 공장에서 생산한 제품과의 차이까지 모두 연구하여 기록한다. 그러니 근대에 지어진 건물에 들어가면 바닥 타일의 패턴만 보고도 그 건물이 마감된 연도를 알 수 있는 것이다. 세라믹 공예뿐만 아니라 철공예, 유리공예, 목공예, 직물공예 등, 각 재료별로 기술이 풍부하게 발달하여 내부 디테일까지 디자인의 완성도가 높은 건물들이 헤아릴 수 없이 많으니 근대가 까딸란 건축의 전성기였음은 의심할 여지가 없다.

한편, 까딸란 모더니즘의 건축가들 가운데에서도 가우디는 당시로서도 아주 독자적인 길을 걸었다. 그러니 그보다 반세기 이후에 한국을 포함해 전세계로 퍼져나간 일반적인 모더니즘의 조형을 바탕으로 가우디의 건축을 바라보면, 모더니즘으로 분류하는 것에 의문이 생긴다. 이것은 가우디가 건축을 이해한 철학이 우리가 일반적으로 알고 있는 근대의 시선과는 달랐다는 것으로 설명할 수 있겠다. 가우디는 건축물을 하나의 유기체로 이해했다. 건축물을 유기체로 생각한다면 창을 내어 환기하는 것은 숨을 쉬게 하는 것이고, 난로를 두어 난방하는 것은 연료, 음식을 태워 체온을 유지시키는 것이고, 마감재는 옷을 입혀 외기로부터 몸을 보호하는 것이 되는 셈인데, 그런 점에서 보면 가우디의 건축물에 유기체적인 조형 요소들이 아주 직설적으로 들어가 있는 것들이 전혀 이상하지 않다. 반면, 공예에서 산업화, 기계화로 완전히 넘어간 20세기를 지배했던 근대 건축은 건축물을 하나의 기계로 보았다. 다시 말해, 자연은 무질서한 것이며, 기하학적인 인간의 질서를 부여하는 것을 아름답다고 여겼다. 효율과 효용을 중시했고, 기능이 없는 장식은 배제하는 것이 특징이니 가우디의 건축 조형과는 아주 상반된다. 건축을 대하는 시선 자체가 다르기 때문에 조형도 완전히 다르게 드러나지만, 조형이 아닌, "근대 건축의 5원칙"[1] 이라고 부르는 건축 요소로 분류했을 때, 특히 까사 밀라는 모더니즘으로 분류하지 않을 이유가 없는 작품이다. 입구와 중정은 기둥들 사이로 완전히 열려있고, 옥상에는 아예 지형을 하나 만들었으며, 벽체가 아닌 기둥에 보를 걸어 해결하여 평면과 입면은 아주 자유롭다. 다시 말해, 구조와 외피가 독립적이라는 것이다. 또, 가우디 건축물에 장식적으로 나타나는 요소들도 기능이 없이 장식적이기만 한 것이 없다. 기능을 위한-그래서 나머지가 완전히 배제된-형태는 아니지만, 가우디의 특유의 자유로운 형태들은 실제로는 그 기능에 부합하는 형태인 경우가 많다. 그러니 형태를 위한 형태로, 장식적인 요소가 강한 아르누보와도 구분되어야 하는 것이다.

---

[1] 근대 건축의 아버지라 불리는 르 꼬르뷔제Le Corbusier가 근대건축의 5원칙 : 필로티, 옥상정원, 수평창, 자유로운 평면, 자유로운 입면. 가우디(1852-1926), 르 꼬르뷔제(1887-1965)

"La pintura, a través del color, y la escultura, mediante la forma, representan los organismos existentes. Figuras, árboles, frutas expresan su interioridad a través de su exterioridad. La arquitectura crea el organismo. Por ello, tiene que regirse por una ley en armonía con las de la naturaleza. Los arquitectos que no se atienen a este principio hacen chapuzas en lugar de una obra de arte."

회화는 색채를 통해서, 조각은 형태를 통해서 실재하는 유기체를 재현한다. 인물, 나무, 과일들은 외피를 통해 그 내재성을 드러낸다. 건축은 유기체를 창조한다. 따라서 건축은 자연과의 조화의 원칙을 따라야 한다. 이 원칙을 고려하지 않는 건축가들은 예술이 아니라 졸작을 만들어낼 뿐이다.

"Todo sale del gran libro de la naturaleza."
모든 것은 자연이라는 위대한 책에서 나온다.

"La recta es del hombre; la curva es de Dios."
직선은 인간의 것이고, 곡선은 신의 것이다.

-Antoni Gaudí

까사 밀라 *Casa Milà* 1906-1910 [주름. 5]

　가우디가 완공한 작품으로는 마지막이 된 까사 밀라는 당시로는 가장 혹평을 받은 건물이었고, 부활절 케이크나 모로코의 전쟁 방공호에 비유하는 농담이나 비행기 격납고의 모습으로 풍자한 그림들이 잡지에 실리기도 했었다. 라 뻬드레라 ^La Pedrera^라고 알려진 별명도 '채석장'이라는 뜻의 단어로 조롱의 의미로 불리던 것이 정관사를 붙여 고유명사가 된것이다. 지금 봐도 주변 건물과는 아주 다른 모습으로 독특한데, 이 건축물이 지어진 시대의 사람들 눈에는 연속해서 물결치는 것이 가로 세로의 비례라고는 읽을 수가 없고, 식물의 형태 하나 온전하게 장식된 게 없는, 마감이 덜된 것 같은 건물로 보였을 수도 있긴 하겠다. 하지만 까사 밀라야말로 가우디가 설계한 주거 건물로는 정점을 찍은 작품이라고 생각한다.

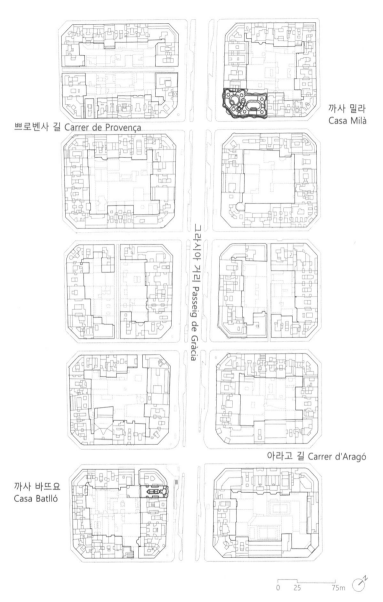

쁘로벤사 길 Carrer de Provença

까사 밀라
Casa Milà

그라시아 거리 Passeig de Gràcia

아라고 길 Carrer d'Aragó

까사 바뜨요
Casa Batlló

0   25   75m

까사 밀라*Casa Milà*와 까사 바뜨요*Casa Batlló*

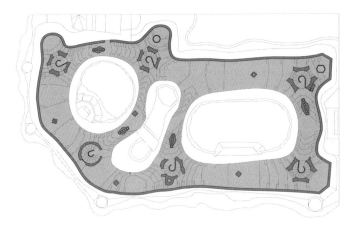

옥상 평면도

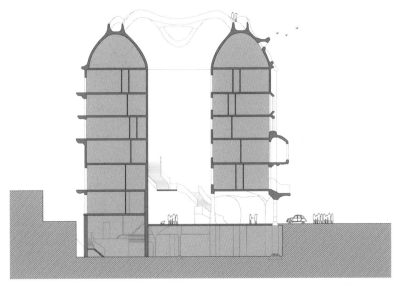

단면도

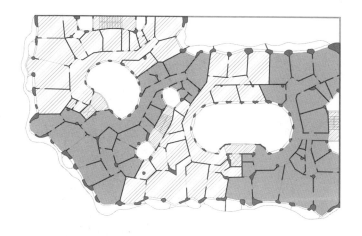

주거층 평면도

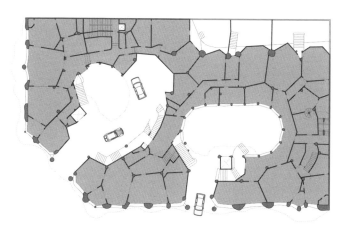

1.5층 평면도

마치 파란 바다 앞, 파도가 물결을 남기고 간 모래사장처럼 보이는 까사 밀라의 입면.

　까사 밀라는 113m x 113m짜리 블록의 모서리에 위치해 있으면서 이웃한 건물들
에 비해 규모가 큰, 한 층에 네 개의 주거가 들어가는 임대 아파트로 계획된 건물인
데, 바르셀로나에서는 최초로 지하 주차장이 계획된 건물이기도 하다. 완공 년도를
보면 우리는 나라가 망하고 본격적으로 식민이 시작되던 때–1910년–에 지하 주차
장을 건설하고, 엘리베이터 설치하고 했던 것이다.

　건물로 들어가는 두 개의 커다란 입구는 차량이 들어가는 큰 문과 양쪽에 사람이
들고나는 작은 문 두 개로 이루어져 있는데 들어가자 마자 하늘로 완전히 뚫린 중정
으로 들어서게 된다. 중정(빠띠오Patio)는 건물의 중간에 수직으로 구멍을 낸 것으로
건물의 양 옆면을 이웃집과 붙여 맞벽으로 지어 채광과 환기를 해결할 곳이 전면과
후면 밖에 없기 때문에 중정을 만들어 창을 내는 것이다. 일반적으로 중정은 기능상
의 이유로 설치하기 때문에 실사용 면적을 줄이지 않기 위해 가능한 한 작게 계획하
는데, 가우디는 원형과 타원형의 중정 두개를 과감하게 뚫고 적극적으로 계획하여

중정에서 바라본 하늘과 하늘을 반사하고 있는 중정 둘레의 유리창들.
비가 오는 날이면 중정으로도 비가 내릴 것이다.

중정을 건물의 중심 공간으로 만들었다. 중정에 앉아 돌아보면 커다란 입구의 아름
다운 철제 문 너머로 사람들이 오가고, 올려다 보면 하늘로 난 거대한 원형창으로 구
름이 지나가는 것이다. 중정에서부터 수직 동선−계단과 엘리베이터−을 통해 각 주
택에 접근하고, 차량은 중정에 연결된 경사로를 따라 지하 주차장으로 연결된다. 지
금까지 까사 밀라만큼 지하 주차장으로 들어가는 입구가 우아한 건물은 본 적이 없
다. 차량의 회전도 중정에서 이루어지는데, 지하에서도 건물의 하중이 가장 적게 올
려지는 중정 바로 아래에 기둥 하나 없는 철구조를 만들어 그 안에서 차를 회전할 수
있게 계획했다. 밀라 부부는 중정에서 별도의 다리 계단으로 이어져 있는 지상층 위
층을 사교 공간으로 사용하고, 바로 위 본층에 주거했다. 그 위의 4개 층을 고급 아
파트로 건설한 것이다.

아파트의 각 층은 건물의 전면과 후면을 4등분하고 두 개의 중정을 절반으로 나누
어 네 개의 가구가 균질하게 채광과 환기를 해결할 수 있게 설계되었고, 한 주거 당

뱀의 척추와 늑골을 연상시키는 다락층의 구조. 늑골과 늑골 사이 입면은 구조적인 역할은 없는. 말 그대로 피부가 되니 자유롭게 위, 아래 어느 높이로든 자유롭게 창을 낼 수 있게 된다.

엘리베이터와 계단으로 각각 접근할 수 있게 하여 두 개의 수직 동선으로 연결되도록 하였다. 아파트 내부에는 네모 반듯한 방이 하나 없어 평면이 복잡한 듯 보이는데, 실제 내부에 들어가보면 전혀 어색함 없이 기능과 동선을 따라 공간이 흐른다.

아파트 층 위로 세탁실이나 창고 등으로 사용했던 다락층^{ático}이 하나 더 있는데, 그 천장 구조가 감탄을 자아낸다. 뱀의 척추와 늑골을 연상시키는 형태로, 뱀이 움직일 때 뱀의 몸이 무너져 내리는 일 없이 척추가 오르내리고 늑골들 사이가 벌어지고 모이고 하듯이, 반복되는 아치-늑골-와 그것들을 이어주는 중심 보-척추-가 만나는 부분만 규칙적으로 지지되면, 공간적인 필요에 따라 아치들이 곡면을 따라 배열되면서 한 쪽이 벌어지거나, 높이가 달라지는 것도 구조적으로 문제가 없는 것이다. 게다가 그 높이 차이 그대로 옥상층에 지형을 만들어 놓은 것은 정말 천재적이다.

위 아래로 물결치는 또 하나의 지형이 되어있는 옥상층과 그 위에 서있는 다스베이더와 스톰 트루퍼들. 그
아래에 분화구 같은 중정을 향해 뚫린 창들이 바로 다락층에서 본 창들이다.

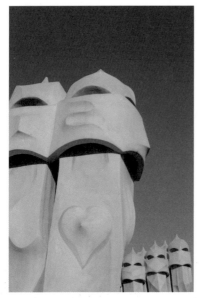

각각 모두 다르게 생긴 옥상층의 굴뚝들.
지금은 사용하고 있지 않지만 굴뚝으로 기능했을 것을 상상해보면, 저 투구의 눈에서 연기가 모락모락 솟아 나오는 희한한 장면이 옥상에서 연출되었을 것이다.

마지막으로, 옥상에 올라가면 재밌는 형태의 거대한 조각들이 기다리고 있는데, 말아 놓은 크림 같거나 망토를 두른 거인 같은 큰 조각들은 사실 나선형의 계단실이고, 투구를 쓴 것 같은 작은 조각들은 굴뚝이다. 이렇게 조형 예술인 것 같은 요소 하나하나가 "기능이 있는 형태"들인 것이다. 이 독특한 계단실과 굴뚝들은 초현실주의 예술가 달리를 매혹시키고, 공상 과학 판타지 영화 감독 조지 루카스에게 영감을 불어넣었다. 스타워즈 에피소드에 출연한 다스베이더가 바로 계단실, 스톰 스루퍼들이 굴뚝들의 재탄생이다. 자세히 보면 또 이 굴뚝들은 하나하나 투구의 머리, 마스크, 가슴 모두 다르게 디자인 되어 있는데, 그중에는 가슴에 하트 달고 있는 녀석도 하나... 찾아 보시라.

www.lapedrera.com

오른쪽이 까사 바뜨요*Casa Batlló*, 바로 이웃집이 까사 아마뜨예르*Casa Amatller*, 그리고 왼쪽 끝의 화려한 집이 까사 예오 이 모레라*Casa Lleó i Morera*

┃까사 바뜨요 *Casa Batlló* 1904-1906 [주름. 5]

까사 바뜨요가 위치한 블록은 당대의 까딸란 모더니즘의 거장들과 이름난 건축가들, 주셉 뿌이치 이 카다팔크*Josep Puig i Cadafalch*, 루이스 도메네크 이 문따네르*Lluís Domènech i Montaner*, 가우디*Antoni Gaudí i Cornet*, 엔릭 사니예르*Enric Sagnier* 그리고 마르셀리아 꼬낄얏*Marcel·lià Coquillat*의 개성 강한 건물 다섯 채가 연속적으로 붙어 있어 "부조화의 블록 *Manzana de la discordia*" 이라는 이름으로 알려져 있다. 신흥 부르주아들 사이의 재력자랑(?)의 결과물인데, 그중 까사 바뜨요는 옆집 까사 아마뜨예르*Casa Amatller*가 주셉 뿌이치의 설계로 화려하게 건설되고 나자 자신의 집이 초라하게 보인다고 여긴 주셉 바뜨요*Josep Batlló*가 가우디에게 의뢰해 기존 건물을 개조한 것이다. 그러니까 이런 신흥 부르주아들 사이의 신경전이 당시 건축가들에게는 화려하게 그 기량을 발휘할 수 있는 토대가 되어준 셈이다.

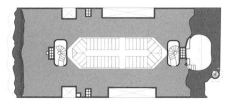

옥상층 평면도

7층 평면도

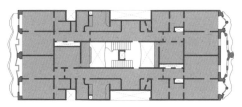

3층 평면도

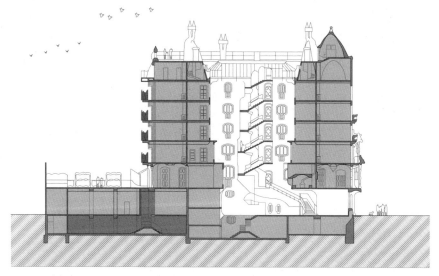

단면도

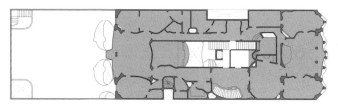

2층 평면도

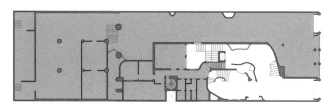

1층 평면도

0   5   10m

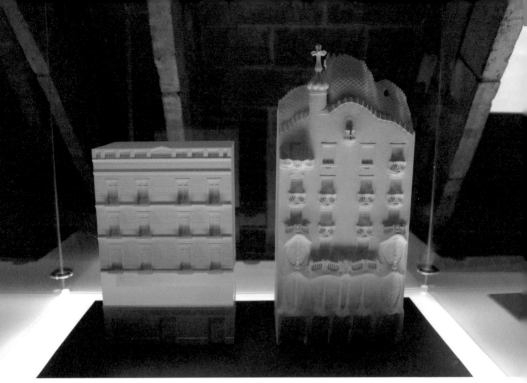

왼쪽이 개조 전. 오른쪽이 개조 후의 까사 바뜨요^{Casa Batlló}. 같은 건물이라는 점이 의심되신다면 두 건물의 창문 위치를 한번 확인해 보시라.

까사 바뜨요의 원래 모습과 비교해보면 개조 후의 입면은 창문 위치가 같다는 점 말고는 완전히 변신한 모습이다. 이웃 집들을 의식해서인지 건물의 전면뿐만 아니라 후면까지도 아주 화려하다. 까사 바뜨요에는 가우디가 건축물을 유기체로 이해했다는 점이 아주 직설적으로 드러나 있는데, 중정과 함께 건물의 중심 수직축이 되는 계단실은 척추 형태로 디자인 되어 중정을 감아 올라가고, 층수가 올라갈수록 채도가 높아지는 파란색 타일들은 중정을 물 속 같은 공간으로 만든다. 특히, 중정의 난간이 사물이 왜곡되어 보이는 유리로 마감되어 있어 중정을 관통해서 움직이는 엘리베이터 박스를 타고 오르내리면 엘리베이터 창문으로 보이는 중정의 풍경이 마치 물 속에 들어갔다 나왔다 하는 것같이 느껴지는 것이 대단하다. 중정을 향해 뚫린, 물고기의 아가미 형태를 본따 만든 창들은 층수가 올라갈수록 점점 작아지고, 거북이 등껍질 같은 조명 덮개들이 붙어 있는 천장은 벽과 직각으로 만나는 곳 없이 둥글게

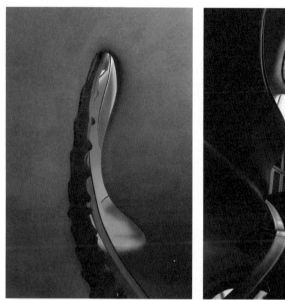

거북이 등껍질 같은 조명 덮개와 척추 형태로 건물의 중심축을 감아 올라가는 계단

2층 내부
건물의 내부에서는 천장과 벽체가 수직으로 만나는 곳이 없고, 뚫려있는 창들의 형태도 유기적이어서 마치 동물의 몸속에 들어간듯한 상상을 불러일으킨다.

중정

위로 올라갈수록 채도가 높아지는 푸른 빛 타일과 사물이 왜곡되어 보이는 유리로 마감된 난간, 그리고 그
한 중간으로 관통하며 움직이는 엘리베이터.

마감되어 방 하나하나가 동물 몸속 같다. 외부 입면도 마찬가지로 창의 기둥은 뼈다귀 같고, 발코니의 난간은 해골 같은 형상이다. 지붕은 용의 비늘을 얹어 놓은 것만 같은데, 세라믹 조각을 비늘처럼 겹쳐서 시공한 것은 기와를 겹쳐서 지붕을 마감하는 것과 마찬가지로 비가 오는 날이면 비늘을 따라 물이 흘러내려 그 아래 배수로로 이어진다. 모양만 비늘이 아니라 기능상으로도 비늘 같은 역할을 하고 있는 셈이다.

다락층은 이후 까사 밀라에도 도입했듯이 포물선의 아치가 반복되며 옥상층을 지지하고 있는데, 그 사이사이로 스며들어오는 자연광이 구조체의 선과 면, 깊이를 드러나게 한다. 그리고 다락층의 복도 끝 나선형 계단을 통해 옥상 위로 올라서면 뾰족뾰족한 굴뚝들이 이 유기체의 한 기관인듯 솟아 있고, 그 사이로 도시의 옥상 풍경이 펼쳐진다.

www.casabatllo.es

늑골 사이사이 창으로 스며들어오는 자연광

용의 비늘을 얹어놓은 것 같은 지붕

까사 바뜨요의
잘난 이웃집들

Casa Amatller
1898-1900

주셉 뿌이치 이 카다팔크 *Josep Puig i Cadafalch* 가 설계한 까사 아마뜨예르 Casa Amat-
ller는 안토니 아마뜨예르 *Antoni Amatller* 가 의뢰한 것으로, 그는 1797년 부터 운영해
온 집안 사업을 물려받은 초콜릿 제조자이자 예술품 수집가이고, 벨기에 브뤼셀
의 사진 협회 회원이자 여러차례 수상한 이력이 있는 사진작가이기도 했다. 건축
주의 취향과 배경이 반영된 듯 까딸란 고딕와 플랑드르(벨기에, 네덜란드 남부 및
프랑스 북부) 양식이 가미된 입면에서부터 스테인드 글라스로 덮은 천장이 아름
다운 중정, 주요 공간으로 연결되는 계단의 석재 난간, 당시의 높은 공예 수준을 보

여주는 전등과 가구들이 가득한 내부까
지 전반적으로 수려하다. 현재는 아마
뜨예르 재단 건물로 쓰이며 관람이 가
능하다. 박물관으로 쓰는 건물 아래층
에 초콜릿 가게가 바로 아마뜨예르 초
콜릿 Chocolate Amatller 가게다. 1900년 전후
의 디자인 그대로 포장된 초콜릿이 가
득한데 그중에는 체코 출신의 아르누보
일러스트 거장 알폰스 무하 *Alphonse Mucha*
의 그림도 있어 다시 한 번 아마뜨예르
씨의 예술적 취향을 느끼게 한다.

www.amatller.org

www.chocolateamatller.com

Casa Lleó i Morera
1902-1905

1902년 프란세스카 무레라 *Francesca Morera*가 당대 바르셀로나에서 가장 인정받는 건축가였던 루이스 도메네크 이 문따네르 *Lluís Domènech i Montaner*에게 까사 로까 모라 *Casa Rocamora*의 개조를 의뢰한 것이 까사 예오 이 모레라 *Casa Lleó i Morera*다. 루이스 도메네크는 건축가이면서 정치인이기도 했고, 바르셀로나 건축대학의 학장과 까딸루냐 건축사 협회의 의장직을 맡기도 했는데, 그가 설계한 까딸루냐 음악당 *Palau de la Música Catalana*과 산 빠우 병원 *Hospital de la Santa Creu i Sant Pau*은 유네스코 문화 유산에 등재되어 있다. 그의 작품은 구조는 가볍게 하면서도 장식을 아주 중요한 요소로 다루어 모자이크, 세라믹, 스테인드글라스 등의 공예 예술이 건축 요소들과 함께 어우러져 아주 풍부하게 표현되어 있는 것이 특징이다. 까사 예오 이 모레라 또한 외부뿐만 아니라 내부에도 바닥, 벽면, 천장, 난간, 기둥, 가구 전체에 섬세한 장식들이 가득해서 토탈 디자인의 진수를 보여주는데, 특히 후면에 위치한 반원의 공간은 입면 전체가 스테인드 글라스로 마감되어 화려함의 극치를 보여준다.

www.casalleomorera.com

┃뽀르딸 델 앙헬 길
Avinguda del Portal de l'Àngel

그라시아 길을 따라 내내 밟고 걸어 온 육각의 바닥 타일-빠놋 가우디 *Panot Gaudí*-이 끝나면 까딸루냐 광장에 도착한 것이다. 광장 너머부터는 중세 도시가 시작되는데 그라시아 거리에서 직선으로 이어지는 길이 뽀르딸 델 앙헬이다. 그라시아 거리에서 뽀르딸 델 앙헬로 이어지는 이 길은 고대 로마 시대에는 도시의 성문에서부터 북서쪽으로 뻗어 나갔던 길로, 중세 15세기에 비센트 성인 *Sant Vicente Ferrer*이 바르셀로나를 방문했을 때에 천사가 나타났다 해서 붙은 이름(천사의 문)이다. 스페인에서 임대료가 가장 비싼 길이 명품 상점들로 가득한 그라시아 거리가 아니라 뽀르딸 델 앙헬이라는 것은 조금 의외인데,[1] 한국의 명동 같은 거리로 보도의 양쪽으로 갖가지 상점들이 즐비하다.

1 El Economista.es 2016.10.28

먹을 곳
마실 곳
쇼핑할 곳

Planelles-Donat Xixona

Av. Portal de l'Àngel 25

+34 933 173439

www.planellesdonat.com

월-토 10.00-20.30

겨울에는 뚜론*Turrón*을 팔고 여름에는 아이스크림과 오르차따*Horchata*를 파는 가게로, 1850년부터 시작된 Planelles 가문의 뚜론 사업이 1927년에 뽀르딸 델 앙헬 길에 개업 하고, 1954년에는 아이스크림 사업을 하던 Donat 집안과의 결혼으로 사업까지 합치게 된 연유로 겨울 장사와 여름 장사를 한 가게에서 한다.

뚜론 Turrón

뚜론*Turrón*은 크리스마스 때 먹는 스페인의 전통과자로 종류가 다양한데, 꿀에 아몬드를 통째로 넣어 굳힌 것과 아몬드를 갈아넣어 무르게 만든 것, 두 가지가 가장 일반적이다.

오르차따*Horchata*는 추파*chufa*라고 하는 식물의 뿌리를 갈아 만든 차가운 음료로 여름이면 이름난 오르차따 가게마다 줄이 길다. 바르셀로나에서는 오르차따가 주 상품이고, 아이스크림이 보조 상품일 정도로 즐겨마시는 음료이다. 고대 이집트에서도 이 뿌리를 먹었다고 하는데, 미네랄과 비타민 C와 E가 풍부하다고 한다.

Mercería Santa Ana

Av. Portal de l'Àngel 26 +34 933
020948
www.merceriasantaana.com
월-토 10.00-14.00, 16.00-20.30

-

mercería라는 단어를 사전에 찾으면 "(핀,
단추 혹은 리본 같은) 자잘한 물건 장사"
라고 하는데, 허리띠에 들어가는 아주 작
은 부품까지 상상해볼 수 있는 자잘한 것
들은 다 있다. 80년이 넘은 가게이니, 여기
에 털실 사러 오시는 할머니들은 어릴 때
는 엄마 따라 스타킹 사러 와서는 머리핀
하나 사달라고 조르곤 했을 것이다. 모양
도 크기도 다양한 빈티지한 단추들 구경
만 해도 시간가는 줄 모른다.

Els 4 Gats

C/Montsió 3
+34 933 024140
www.4gats.com
월-일 08.00-0.00

-

1897년에 개업하여 아직까지도 수공예
타일과 모더니즘 스타일의 장식이 그대
로 남아 있는 레스토랑으로 피카소가 자
주 방문했다고 알려져 있다. 안쪽 홀은 식
사를 예약한 손님만 들어갈 수 있지만, 잠
시 들려 라몬 까사스*Ramon Casas*의 이인용
자전거*Tandem* 그림이 걸려있는 바깥쪽 홀
에 앉아 커피나, 와인, 상그리아 한 잔 하고
가기에도 좋다.

Roca Selecció

C/ Canuda 26 +34 933 425634
rocaseleccio.cat/desde1935
월-금 08.30-20.30 토 09.30-20.30

-

1935년에 개업한 식료품 가게로 스페인
산 와인, 치즈, 하몬, 올리브유, 각종 통조
림, 과자, 초콜렛, 티 등을 구매할 수 있다.
구운 피망*pimiento asado*과 절인 올리브 통
조림을 샐러드로 곁들이고, 하몬과 치즈
를 빵에 올려 와인과 먹으면 아무런 조리
를 하지 않고도 재료 각각의 맛도 좋고 영
양가 높은 식사가 되니 한번 둘러보시길.

고딕 지구, 밀란스 길 *Carrer de Milans*

0   0.5   1km

중세도시 *Ciutat Vella* :

고딕 지구 Barrio Gótico,
라발 지구 El Raval,
보른 지구 El Born,
바르셀로네따 Barceloneta

ruta 1.5.2   p.134 ruta 1.5.1   p.112 ruta 1.5.3   p.158
El Raval   El Gótico   El Born
라발 지구   고딕 지구   보른 지구

ruta 1.5.4   p.176
Parc de la Ciutadella y La Barceloneta
시우타데야 공원과 바르셀로네따 지구

0   250   500m

✚걷기
1.5
중세도시 *Ciutat Vella* :
고딕 지구 Barrio Gótico, 라발 지구 El Raval,
보른 지구 El Born, 바르셀로네따 Barceloneta

오래된 역사만큼이나 이야깃거리, 볼거리가 넘치는 중세도시의 미로 같은 골목들로 하루 종일 그저 헤매고 다녀도 재미있다. 중세 배경인 프랑스 영화 "향수"의 촬영지이기도 한데, 좁은 골목에 좁은 폭의 건물들이 다닥다닥 붙어 있어 빛이 들지 않는 모퉁이들이 어둡고 석조 장식들은 닳아 형체가 모호한데다, 마감으로 칠한 색은 때 묻고 벗겨져, 건물벽들을 따라 걷다 보면 정말 중세 영화 속에 들어간 듯 하다. 그 사이사이에 나타나는 빈티지한 가게들, 오래된 바, 레스토랑, 유적지를 찾는 사람들로 늘 북적북적한 골목들 사이로 들어가 길을 잃자.

고딕 지구 Barrio Gótico [주름. 2]

고대 로마 도시를 품고 있는 고딕 지구는 중세 도시 안에서도 가장 오래된 역사 지구이다. 고딕 지구와 라발 지구의 경계를 이루는 람블라스 거리 La Rambla(Las Ramblas)에는 13세기에 건설된 중세 성벽이 19세기까지 존재했었다. 거리의 이름인 rambla는 "빗물 흐른 자국"이라는 뜻인데 성벽 바로 밖으로 바다까지 이어지는 물줄기가 흘렀던 자리에 생긴 길이 람블라스 거리이다. 람블라스 거리를 따라 고딕 지구로 들어가는 길이 계속 이어지는데 그중에서 뽀르따페리사 Carrer de Portaferrissa 길은 바로 옛 중세 성벽의 안팎을 연결하는 성문이 있던 자리로 그 길을 따라 걸어 들어가면 길 끝에 대성당으로 이어진다.

케이블카에서 내려다본 바르셀로나 구시가지
무성한 가로수와 함께 도시를 가르고 올라가는 거리가 바로 고딕지구와 라발지구를 나누는 람블라스 거리.

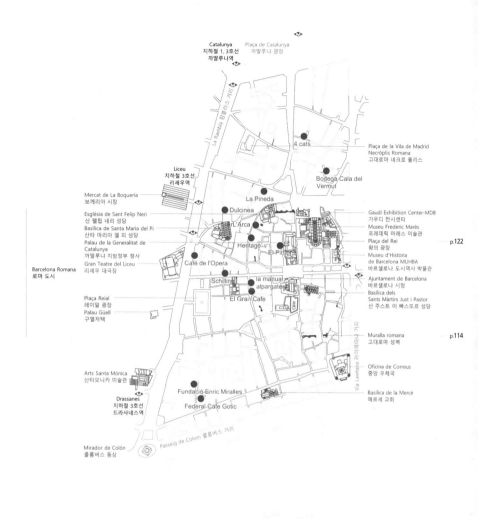

Catalunya
지하철 1, 3호선
까딸루냐역

Plaça de Catalunya
까딸루냐 광장

4 cats

Plaça de la Vila de Madrid
Necròplis Romana
고대로마 네크로 폴리스

Liceu
지하철 3호선
리세우역

Bodega Cala del Vermut

Mercat de La Boqueria
보께리아 시장

La Pineda

Dulcinea

Gaudi Exhibition Center-MDB
가우디 전시센터

Església de Sant Felip Neri
산 펠립 네리 성당

L'Arca

Museu Frederic Marès
프레데릭 마레스 미술관

Basílica de Santa Maria del Pi
산타 마리아 델 피 성당

Heritage

Plaça del Rei
왕의 광장

Palau de la Generalitat de Catalunya
까딸루냐 지방정부 청사

El Pit...

p.122

Museu d'Història de Barcelona MUHBA
바르셀로나 도시역사 박물관

Gran Teatre del Liceu
리세우 대극장

Café de l'Opera

Ajuntament de Barcelona
바르셀로나 시청

Barcelona Romana
로마 도시

Schilling

la manual alpargate...

Basílica dels Sants Màrtirs Just i Pastor
산 주스트 이 빠스또르 성당

El Gran Cafe

Plaça Reial
레이알 광장

Palau Güell
구엘저택

Muralla romana
고대로마 성벽

p.114

Oficina de Correus
중앙 우체국

Arts Santa Mònica
산타모니카 미술관

Basílica de la Mercè
메르세 교회

Drassanes
지하철 3호선
드라사네스역

Fundació Enric Miralles

Federal Cafe Gotic

Mirador de Colón
콜롬버스 동상

Passeig de Colom 콜롬버스 거리

0   100   250m

Mar Mediterráneo
지중해

걷기 1.5 중세도시*Ciutat Vella*: 고딕지구Barrio Gótico, 라발지구El Raval, 보른지구El Born, 바르셀로네따Barceloneta 113

노바 광장에서 바라보는 고대 로마의 성벽과 그 위로 얹고, 옆으로 기대어 지은 중세의 건물들

고대 로마 성벽

까딸루냐 광장에서 뽀르딸 델 앙헬 길을 따라 같은 방향으로 계속 걸어 내려가면 갑자기 열린 공간 뒤로 중세 대성당과 함께 고대 로마의 성벽이 나타나는데 노바 광장 *Plaça Nova* 이다. 노바 광장에서 대성당을 향해 서면 로마 도시의 성문 바로 밖에서 고대 로마 도시를 바라보고 서있는 것이니 눈 앞의 장면에서 고대 도시를 찾아 보시라. 알고 보지 않으면 중세, 고대 구분 없이 그저 오래된 것들로 보일 뿐이지만, 사실 중세 건물과 고대 건물 사이에는 1200년이 넘는 시간 차이가 있다. 먼저 작은 경사로를 따라 올라가는 길이 바로 성문이 있던 자리고 그 양쪽으로 솟은 둥근 탑과 왼쪽편으로 이어지는 두 개의 네모난 탑, 그리고 탑 사이 사이 아랫쪽에 깔려있는 커

다란 돌덩이들이 다 고대 로마성벽의 일부분이다. 왼쪽 탑 앞으로 잘린 아치가 하나만 덜렁 튀어 나와있는데, 수도교의 일부가 남은 것으로 여러 로마 도시들이 그랬듯 수 킬로미터 떨어진 곳에서부터 물을 끌어다가 도시에 용수를 댔던 흔적이다. 성벽 위로 보이는, 고대 로마의 것일 수 없는 현대적인 입면은 15, 16세기에 성벽에 얹어서 건설한 부사제의 집(현재는 서고)의 입면을 현대에 와서 보수한 것이고, 오른편 탑 옆으로 어색하게 붙어 있는 건물은 13세기에 성벽에 기대어 지은 주교의 집이다. 고대 로마 도시의 성벽 안에 첨탑이 뾰족하게 솟은 대성당은 14, 15세기에 건설된 것으로 입면과 첨탑은 또 19세기의 것이다. 시대를 구분해서 보고 나면, 중세 건물이 헐어 보수를 하는 와중에 1400년을 더 산 고대 로마 성벽은 중세 건물의 무게를 지고도 멀쩡하게 버티고 서있으니 고대 로마인들의 건설 기술에 또 감탄하게 된다.

이제 옛 성문이 있던 곳을 지나 고대 로마 도시 안으로 들어간다. 고대 로마 도시 안의 내용물(?)은 고대 로마 위에 고대의 것을 재활용하고 얹어 만든 중세의 것이거나 중세를 덧칠한 근대의 것들이 많은데, 들어가는 길부터가 옛 고대 로마 도시의 한 축, 데쿠마누스*Decvmanvs Maximvs*가 중세에 비스베 길*Carrer de bisbe*, "주교의 길"이 된 것이다.

Plaça
Nova

Av. de la Catedral

Plaça
de
Sant Just

Plaça
del Rey

Carrer de la Pietat

Plaça
Sant Jaume

Carrer de Ferran

Carrer de Jaume I

Plaça de
Sant Just

Plaça de
Sant Miquel

0   25   75m

예수의 열두 제자를 포함한 성경의 상징들로 가득한 바르셀로나 대성당의 정면. 역시 19세기에 건설된 가짜 고딕이다.

▌바르셀로나 대성당Catedral de Barcelona [주름. 2]
(Catedral de Santa Cruz y Santa Eulalia de Barcelona)

　4세기 초, 기독교의 바실리카가 있던 자리에 11세기 로마네스크 양식의 성당이 건설되고, 14, 15세기를 거쳐 고딕양식으로 건설된 성당에다, 19세기에 첨탑을 올리고 입면을 새로 장식한 것이 우리가 지금 보는 바르셀로나 대성당이다. 바르셀로나 대성당의 역사가 그대로 기독교 건축 역사를 요약해 보여주는 셈이다. 먼저 바실리카Basilica라는 단어는 원래 고대 로마의 포룸에 건설했던 공공 건물을 칭하는 라틴어인데 초기 기독교 건물들은 이 바실리카의 평면을 모방하여 건설되었고, 이런 이유로 바실리카는 큰 규모의 성당을 가리키는 단어로 의미가 확장되었다. 로마 제국이 붕

괴되고 게르만 민족은 로마의 건축물들을 모방하는데에서부터 시작해 게르만 민족 고유의 조형언어를 모색해가며 로마네스크 양식을 만들어 낸다. 이후 스페인이 이슬람의 영향을 강하게 받으며 다른 유럽 국가들과는 다른 양상으로 양식이 발달되는 동안 프랑크 왕국을 중심으로 로마네스크 건축에서 창안되어 산발적으로 적용되던 구조적 요소들(첨두 아치, 리브 볼트, 플라잉 버틀레스)이 하나의 구조 체계로 정립되면서 고딕양식이 출현한다.

지금에 와서 보면 인간의 키가 커봐야 2m가 채 되지 않는데 무엇하러 높이가 25m나 되는 방 한 칸으로 건물을 지었나 하는 생각이 들지만, 중세는 강력한 신본주의 사회였다. 거대한 성당들은 인간을 위해 건설한 인간 스케일의 건물이 아니라 신의 집으로 건설한 신 스케일의 건물이다. 그러니까 신에 더 가까운, 더 크고 더 높은 건물을 짓고자 하는 열망이 있었던 것인데, 그것이 구조의 발달로 이어진다. 로마네스크 양식은 통 모양의 석조 아치 구조를 쓰기 시작하여 천장을 높게 하는 이점이 있었지만 무거운 지붕을 버티느라 벽체는 두껍고 창은 작았다. 그랬던 것이 지붕이 밀어내는 힘을 외벽 밖에서 지지하는 버틀레스가 발명되고, 통 모양의 아치(볼트)를 교차시키면서 접선이 되는 부분에 골격을 짜고(리브볼트) 뾰족한 아치(첨두 아치)가 발명되면서 하늘로 치솟는 건물이 지어지기 시작한다. 듣자마자 까먹을 낯선 건축 구조용어들은 이만하고, 천장을 한번 올려다보자. 뼈대 같은 것이 X자로 반복되는데, 그 뼈대의 높은 부분에서 낮은 부분으로 시선을 옮기면 그대로 지붕의 하중이 흐르는 방향이다. 천장의 모든 뼈대들은 기둥에 가서 모이고, 기둥이 하중을 받아 지반으로 보내는 것이다. 바르셀로나 대성당의 기둥들은 이 뼈대들을 모아놓은 다발처럼 생겼는데, 뼈대가 많이 모여있는 기둥은 두껍고, 덜 모여 있는 기둥은 얇은 것이 그 자체로 구조를 드러내는 장식이라고 할 수 있겠다. 그리고 뼈대를 만들었다는 것은 어디가 골격이 되고 어디가 피부가 되는지를 이해했다는 것인데, 아치를 통해 하중을 기둥으로 보냈으니 기둥 사이의 벽면은 하중을 받지 않는 피부가 되어 과감하게 뚫을 수 있게 된다. 이렇게 하여 세로로 길게 찢어진 큰 창들이 가능하게 되고, 그 창들의 스테인드글라스를 통해 색깔별로 빛이 쏟아져 들어오는 대공간으로, 석조구조의 극치를 보여주는 것이 고딕 성당인 것이다.

1 예수상이 있는 제단 (애프스 *apse*, apside) 뒤, 스테인드글라스가 있는 창과 창 사이의 뼈대가 모여있는 자리 바로 밖으로 버틀레스가 제단 위 지붕이 밀어내는 힘을 지지하고 버티고 있을 것이다.

2 천장을 올려다보면 직사각형의 반복되는 단위 안에 3차원의 아치(볼트)가 직각으로 교차하면서 만들어지는 접선이 X자로 나타나는데, 바로 하중이 집중되는 골격이다. 이 골격은 직사각형의 모서리에 있는 기둥에 가서 모이고, 이 기둥들이 하중을 받아 기초로 내려보내는 것이다.

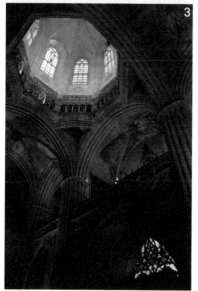

3 유난히 하얗게 보이는 부분이 바로 19세기에 건설된 첨탑으로 옛 고딕양식의 조형언어, 재료, 공법을 그대로 모방하여 건설되었다.

한편, 성당의 첨탑을 올려다보면 유난히 하얗고, 성당 밖에 서서 바라보면 같이 붙어있는 수도원 입면에 비해 성당 입면이 또 유난히 깨끗한데, 시대가 가짜인 고딕이다. 19세기에 공사하면서 당시의 조형언어로 재해석하여 그 시대의 건설기술을 반영한 것이 아니라 15세기 고딕양식을 그대로 모방하여 장식한 것으로, 현대에는 건축가들이 고딕으로 테마파크를 만들었다고 비판하는 부분이다. 지금으로부터 또 한 500년쯤 지나고 나면 어디가 15세기 고딕이고 어디가 19세가 고딕인지 구분할 수 없는 방식으로 개조했다는 것이다. 19세기에는 중요한 건물들에 장식을 더해 화려하게 꾸미는 것이 도시를 아름답게 하는 것이라고 생각했는데, 그 목적에는 맞게 아름답긴 하다.

마지막으로 성당의 남서쪽(제단을 바라보고 섰을 때 오른쪽) 출입구로 나가면 13마리 거위가 살고 있는 수도원의 중정으로 이어진다. 로마 제국 시대에 거위 농장에서 자라 13살에 X자 형태의 십자가에 메달려 순교한, 바르셀로나의 수호 성인 산타 에우랄리아 Santa Euralia를 상징하는 거위라고 한다. 해마다 그녀가 순교한 날짜 2월 12일이 포함되는 주가 되면 노바 광장과 시청 앞 광장을 중심으로 성대한 행사가 펼쳐진다.

성당을 나서 벽을 따라 대성당의 제단 뒷편으로 가보자. 건물의 외벽에 붙어 수직으로 솟아 있는 기둥 같은 구조체가 바로 지붕이 밀어내는 힘을 받는 버틀레스다. 버틀레스의 끝에는 지붕에 모이는 빗물을 모아 뿜어내는 배수구 가고일이 각종 동물의 형상으로 조각되어 올려져 있는데, 중세 건물에 둘러 싸여 시간을 되돌려 놓은 것만 같은 이 골목에서 그것들을 올려다보는 시선은 바로 영화 "향수"의 한 장면, 주인공 그르누이의 시선이기도 하다. 영화 속 그르누이가 도시의 온갖 새로운 냄새를 음미하던 중 홀린듯 한 여성의 체취에 매료되어 비스베 길에서부터 그녀를 찾아 쫓아온 곳, 그리고 그녀를 놓친 장면의 배경이 된 곳이다.

아우구스투스 신전Templo de Augusto [주름. 1] B. C. 1

  이제 뒤를 한번 돌아보자. 대성당 뒤로 난 좁고 어둑한 골목을 따라 따베르 언덕 *Monte Táber*의 해발고도 표시가 붙은 건물을 찾아 들어가면 그럴 것 같지 않은 곳에 아우구스투스 신전의 기둥 네 개가 숨어있다. 중세 시대에 신전의 기둥에다 보를 걸어 구조를 재활용해 집을 지었던 탓에 신전 기둥의 대부분이 이웃 건물 속에 들어 가버렸거나 신축할 공간 확보를 위해 파괴되었고, 중정 자리에 있던 기둥 네 개만이 지금까지 남아 도시의 기원을 증명해준다. 바르시노Barcino(고대 로마 시대 때의 바르셀로나)를 건설한 황제, 아우구스투스를 위한 신전으로 그 둘레의 포룸*Foro Romano*에 로마인들이 모여 다양한 시민 활동을 했을 것이다. 파괴적이고 야만적인 중세에 살아남아 2000년이 넘도록 가까이 같은 자리를 지키고 서있는 모습이 신비롭다.

왕의 광장 *Plaça de Rey* [주름. 2]

　대성당에서 동편으로 나가면 바로 산 이유 *Plaça de Sant Iu* 라는 아주 작은 광장이 있다. 그 둘레로 면해 있는 중세 건물들이 바르셀로나 백작의 거처였고 이후에는 아라곤 왕국의 왕의 거처가 된 궁이다. 현재는 각각 20세기 스페인 조각가 프레데릭 마레스 뮤지엄 *Museu Frederic Marès*, 시에서 대관하는 띠넬 연회장 *Saló del Tinell*, 아라곤 왕국의 고문서 보관소 palacio del Lloctinent 로 사용되고 있다. 욕띠넨트 저택의 중정을 통해 건너가면 바로 왕의 광장 *Plaça del Rei* 인데, 콜롬버스가 아메리카 대륙을 발견하고 돌아와 이사벨라 여왕과 페르난도 왕을 알현하고 작위를 받은 장소로 알려져 있다. 한편, 광장 끝에 면해 있는 까사 빠데야스 Casa Padellàs 는 현재 고딕 지구와 보른 지구를 구분하는 라이에따나 길 Via Laietana 이 건설될 때, 건물을 분해해 돌 하나하나 새로 옮겨 온 것으로 당시 그 아래에서 발견된 고대 로마 유적지 발굴과 함께 건설되었다. 지금은 이웃하여 광장에 면해있는 아구에다 예배당 Capella de Santa Àgueda 과 연결되어 도시 역사 박물관 Museu d'Història de Barcelona 으로 사용되고 있다. 건물 벽, 아래쪽으로 난 창들 가까이 바짝 다가가보자. 창 유리 너머로 성벽 바로 안에 있었던 고대 로마 도시의 흔적이 나타난다.

산 자우메 광장 *Plaça de Sant Jaume*

왕의 광장을 뒤로 하고 걸어나오면 자우메 1세 길*Carrer del Jaume I*과 만나는데 양쪽으로 페란 길*Carrer de Ferran*과 프린세사 길*Carrer de la Princesa*과 함께 고딕 지구와 보른 지구를 직선으로 뚫고 지나간다. 자우메 1세 길과 이어지는 산 자우메 광장*Plaça de Sant Jaume*은 1823년 산 자우메 교회*Església de Sant Jaume*를 바르셀로나 시청*Ajuntament de Barcelona* 건물로 개조하면서 조성된 광장이다. 지방 의회가 있던 건물*Palau de la Generalitat de Catalunya*과 이웃해 있던 교회 건물을 필요한 광장 면적만큼 헐어내고 입면을 새로 건설했는데, 시청 건물을 정면으로 봤을 때 왼쪽으로 조금만 돌아들어가면 원래 있던 건물을 자르고 접은(?) 흔적이 입면에 남아있다. 그렇게 하여 까딸루냐 자치 정부 청사와 바르셀로나 시청이 마주 보고 서있는 도시의 새로운

왼쪽부터 까딸루냐 주기(옛 아라곤 왕국의 국기), 스페인 국기, 바르셀로나 시기. 스페인이나 이웃 유럽 국가에서 재난이나 테러로 사망자가 생긴 때에는 깃발을 아래로 걸어 애도를 표하곤 한다. 그리고 아래에는 시리아 난민을 향한 메시지.

중심 광장이 건설되었고, 그 이후 1842년에서 1858년, 이 광장에서부터 동서로 칼로 자른 듯한 길을 열었다. 페란 길에서 프린세사 길까지 기존에 있는 건물들을 헐어가며 새로운 "길"을 계획한 것으로, 중세도시에서 근대도시로의 혁신의 시작이라고 평가되는 사건이다. 말 그대로, 새로운 시대가 요구하는 필요에 부응하여 외과적인 수술을 감행한 도시 변형이었던 것이다. 산 자우메 광장에서 페란 길을 향해 서면, 완만한 내리막길 양쪽으로 높이가 같아 지붕 선이 일치하는 건물들이 투시도로 그려놓은 듯하여 길 자체가 하나의 기념비적인 인상을 준다. 영화 "향수" 속, 그루누이가 처음으로 무두질 공장에서 나와 도시의 군중들 사이로 걷던 곳은 파리가 아니라 바로 이곳, 바르셀로나의 페란 길이다. 그의 후각을 자극하는 새로운 냄새들을 좇는 카메라가 잠깐 생굴을 먹는 장면을 클로즈업하는데 실제로 페란 길에는 철이 되면 레몬과 함께 생굴을 파는 레스토랑(Orio BCN Gòtic)도 있다.

1 중요한 행사가 있을 때면 이를 기념하기 위해 인간 탑 쌓기, 까스텔*Castell* 대회가 시청 앞에서 열리곤 한다. 유네스코 인류무형문화유산에 등재되어 있기도 한 이 인간 탑 쌓기는 탑이 되는 부분뿐만 아니라 기초가 되는 부분에서부터 지도자의 신호에 따라 수많은 인원이 참여하여 구조를 만들어 가는 것으로 공동체 정신을 강화하는 까딸루냐 지방의 전통이다.

2 자르고 접은 것 같은 시청 건물의 옆구리. 원래 건물(왼편)에서 잘려나간 부분의 입면 장식을 새로 건설된 건물(오른편)의 입면에 붙여서 기어이 남겼다.

옛 유대인 마을 El Call de Barcelona [주름. 2]

　스페인 국기와 까딸루냐 지방기가 나란히 펄럭이는 까딸루냐 자치 정부 청사 건물은 안으로 중정이 있는 길쭉한 건물로 정면은 르네상스 양식이고, 비스베 길에서 보는 입면은 고딕 양식이면서 그 와중에 일부는 19세기에 덧붙인 고딕이라 시대가 뒤죽박죽인데, 원래는 15세기 초 유대인들의 저택이었던 것을 행정 건물로 쓰기 시작하여 20세기 초까지 여러 차례 증축과 개축이 이루어진 것이다. 청사 서쪽으로는 길 이름마다 끝에 "Call"이라는 단어가 붙어 있는데 까딸루냐어로 '작은 길'이라는 뜻으로 12세기부터 14세기 유대인들이 공동체를 이루고 살았던 마을을 깔Call이라고 불렀다. 유대인 부호들의 저택이 있었던 청사에서부터 고대 로마 성벽이 있었던 자리까지 예닐곱 정도 되는 블록에 유대인 교회, 가난한 사람들을 위한 병원, 학교, 재단, 제화, 비단 직물 등의 수공예 작업장들이 밀집해 있던 곳이다. 그러다 1391년 경제 위기에 대한 분노가 유대인들을 향해 터지면서 반 유대인 반란으로 300여 명의 유대인들이 죽고, 그 재산은 모두 왕의 소유가 되었다. 그러면서 유대인 공동체는 사라졌지만 그들이 일군 상업과 공방 기능은 남아 아직까지도 이곳에는 가구, 직물 등의 수공예 가게들과 골동품 가게, 빈티지 가게들이 즐비하다. 오랜된 돌 벽들을 따라 걷다 보면 돌에 새겨진 히브리어들이 아직도 선명하고, 유럽에서 가장 오래된 유대인 교회 Sinagoga Major de Barcelona도 보존되어 있다.

산 펠립 네리 광장 *Plaça de Sant Felip Neri* [주름. 2]

　옛 유대인 마을 경계에 산 펠립 네리 길을 찾아 들어가면, 정면에 바로크 양식의 산 펠립 네리 성당과 함께 사방이 중세 건물들로 둘러 쌓여 있고, 세 그루의 띠빠 나무[1]가 하늘을 덮고 있는 작고 조용한 광장이 나타난다. 외부 세계와 차단되어 중세에서 시간이 멈춘 것만 같은 공간에 귓가를 울리는 분수의 물소리만이 시간의 흐름과 중력의 존재를 느끼게 한다. 사실 이곳은 스페인 내전 중에 폭격의 피해를 입은 곳이다. 그때 목숨을 잃은 42인 중 대부분이 성당 지하로 피신했던 어린 아이들이었다고 한다. 광장 중간에 떨어졌다는 폭탄의 상흔이 성당 벽에 고스란히 남아 있어 전쟁의 참상이 생생한데, 늦봄에서 초여름이면 노란 꽃잎이 눈 내리듯 떨어져 분수의 수면과 광장 바닥을 온통 노란색으로 덮어 안타깝게 아름답다.

　이곳 또한 영화 "향수"의 촬영지 중 한 곳인데, 성당 뒷편에서 놓쳐버린 여성의 체취를 따라 그녀의 바로 등 뒤까지 다가간 그르누이가 황홀함도 잠시, 본의 아니게 그녀를 살해하고 마는 그곳이다. 그녀의 죽음보다 순식간에 그녀의 체취가 사라져 버린 것에 더 깊은 절망을 느끼는 그르누이. 배경이 된 장소도 그렇지만 장면 자체가 굉장히 인상적이다. 절망과 분노에 찬 그가 향기라는 것을 가져야만겠다고 결심하는 바로 그 순간.

---

1 Tipa 혹은 Tipuana tipus. 아카시아의 한 종으로 나뭇잎은 한국에서 흔히 보는 아카시아 나뭇잎과 같고 꽃잎은 노란색이다.

영화 "향수"의 여러 촬영지들

고딕 지구 뿐만 아니라 바르셀로나와 주변 도시 여러 곳이 영화의 배경으로 계속해서 등장한다. 영화 속에서 장 바티스트가 향수 만드는 법을 배우기 위해 찾아가는 남프랑스의 그라스Grasse로 들어가는 입구는 실제로는 바르셀로나에서 북쪽으로 1시간 30분 정도 떨어진 곳에 있는 베살루Besalú에서 촬영하여 합성한 것으로 보인다. 베살루는 중세 다리를 건너 들어가는 진입부부터 도시 전체가 중세 원형 그대로 보존된 곳으로 잊지 못할 여행지 중 한 곳이다. 또 영화 속 그라스의 여러 골목들은 실제로는 베살루 옆에 있는, 바르셀로나에서는 한 시간 거리에 있는 지로나Giron Gerona의 골목들인데, 지로나는 중세 까딸란 문화의 중심지였던 곳으로 중요한 중세 건축물들이 많이 모여 있는 곳이다.

한편, 그루누이의 향기에 대한 강한 욕망을 다시금 일깨우게 한 로라가 그녀의 생일에 숨바꼭질을 하던 미로는 바르셀로나의 오르따 미로 공원Parc del Laberint d'Horta으로 18세기에 건설된, 바르셀로나에서는 가장 오래된 정원이다.

마지막으로, 그루누이를 처벌하기 위해 군중들이 모여들었던 장면은 몬주익에 있는 민속촌 스페인 마을Poble Espanyol의 광장에서 촬영한 것이다.

산타 마리아 델 피 성당 *Santa Maria del Pi* [주름. 2]

산 펠립 네리 광장에서 돌아 나와 산타 마리아 델 피 성당을 찾아 가자. 성당 옆으로 난 광장에서는 플라타너스 나무 그늘에 앉아 거리의 화가들이 그림을 그리고, 주말이면 성당 앞 광장에 꿀, 와인, 치즈 등을 파는 장이 서기도 한다. 성당 이름의 *Pi*는 까딸루냐어로 소나무를 뜻하는데, 소나무 줄기 안에서 성모 마리아의 형상이 발견되어 성모에게 바치는 성당으로 건설한 데에서 유래한다. 실제로 성당 앞에는 지금도 소나무가 자라고 있다. 산타 마리아 델 피 성당의 기록은 10세기까지 거슬러 올라가는데, 지금의 성당은 14세기에 원래 있던 성당을 헐고 같은 자리에 새로 건설한 고딕양식의 성당으로 오래된 만큼 역사적 사건도 많이 겪었다. 성당 정면에 지름 10미터의 거대한 장미창이 아름다운데, 15세기에 있었던 까딸루냐 지진으로 장미창이 떨어져 사람이 죽기도 했고, 18세기 초 왕위 계승 전쟁 중에는 대포의 피해를 입기도 했으며, 1936년 스페인 내전 중에는 성당이 불타기도 했다. 그럼에도 산타 마리아 델 피 종탑의 종은 여전히 시간을 알린다. 성당 내부로 들어가보자. 정면에 보이는 제단 위의 스테인드 글라스며, 벽감 안에 들어가 있는 화려한 조각들을 보며 감탄하다 나가려고 돌아서면, 눈 앞에 반짝반짝 빛나는 거대한 장미창을 보고 놀라게 될 것이다.

사진_Larissa Lohmann

레이알 광장 *Plaça Reial*

산타 마리아 델 피 성당의 제단 뒤쪽으로 난 작은 골목들을 따라 걷다 보면 금세 페란 길과 만난다. 페란 길을 건너 레이알 광장으로 이어지는 입구를 찾아 들어가자. 좁은 통로를 지나 갑자기 네모 반듯한 하늘이 열린다. 원래는 수도원이 있었던 곳을 1835년 공공 광장으로 재탄생 시킨 것인데 광장 전체가 하나의 건축물인 듯 반복되어 리듬을 만드는 입면이 강렬한 인상을 준다. 광장 전체에 듬성듬성 서있는 야자수가 이국적이고, 그 사이에 벤치, 가로등이 많은데, 특히 중앙의 분수 양 옆으로 설치되어 있는 특이한 가로등 두 개가 바로 가우디의 처녀작이다. 람블라스 거리를 포함하여 여섯 개 골목을 연결하는 데다, 광장 둘레로 호텔, 플라멩코, 재즈 라이브 바, 칵테일 바, 레스토랑 등이 모여있어 낮이고 밤이고 늘 사람들로 북적인다. 더운 여름이면 가로등 불이 켜질 무렵 광장 테이블에 앉아 마시는 상그리아가 꿀맛이다.

먹을 곳
마실 곳
쇼핑할 곳⌐

Granja Dulcinea

C/Petritxol 2 +933 026 824

granjadulcinea.com

월-일 09.00-13.00, 17.00-21.00

La Pallaresa-Churreria

C/Petritxol 11 +933 022 036

월-토 09.00-13.00, 16.00-21.00   일

09.00-13.00, 17.00-21.00

-

산타 마리아 델 피 성당의 장미창을 사진
에 온전하게 담아보려고 뒷걸음질 치다
보면 뻬뜨리촐 길에 들어가는데, 바로 옆으
로 오래된 초콜렛 가게가 하나 나타난다.

1941년에 개업한 그랑하 둘시네아*Granja Dulcinea*다. 또 뻬뜨리촐의 좁은 골목을 따라 걸어 들어가면 양쪽으로 미술품 갤러리들과 오래된 초콜렛 가게들이 여럿 더 나오고, 1947년에 개업한 라 빠야레사 츄레리아*La Pallaresa Churreria*도 찾을 수 있다. 두 가게의 메뉴가 비슷한데, 특히 겨울 오후 추위에 떨다 간식으로 먹는 따뜻한 츄 러스 꼰 초콜라떼*Churrus con chocolate*가 정말 맛있다. 뿐만 아니라 까딸루냐 사람들이 즐겨 먹는 디저트 끄레마 까딸라나 *Crema catalana*, 플란*el flan de huevo*, 아로스 꼰 레체*el arroz con leche* 등도 맛볼 수 있다.

끄레마 까딸라나 Crema catalana

끄레마 까딸라나 *Crema catalana*는 유럽의 디저트들 중에서도 가장 오래된 디저트 중 하나라고 하는데, 까딸루냐어로 쓰여진 14세기 요리책 Libre de Sent Soví에 요리 방법이 기록 되어 있는 중세 간식(?)이라고 한다. 들어가는 재료가 우유, 계란 노른자, 옥수수 가루, 계피, 레몬 몇 방울, 설탕이니 중세에도 있었을 것 같은 재료들이긴 하다. 참고로 설탕은 인도 굽타 왕조 때에 당을 결정으로 만드는 기술이 발명되었고, 그로부터 천 년이나 지나서야 십자군이 설탕의 존재를 알게 되어, 중세 베니스의 상인들이 유럽에 설탕을 수입했다. 그리고 아메리카 대륙에 처음 설탕 줄기를 가져간 사람이 콜럼버스란다. 반대로, 옥수수는 남아메리카 작물이니 끄레마 까딸라나에 옥수수 가루를 가루를 넣기 시작한 것은 적어도 아메리카 대륙 발견 이후의 일일 것이다. 사실 끄레마 까달라나는 한국인들도 잘 아는 맛인데, 계란 크림 위에 설탕을 한 겹 올려 놓은 것으로, 노란 크림 빵 속에 들어가는 크림 위에 얇게 달고나를 올려 놓은 맛이다. 플란 *el flan de huevo*은 끄레마 까딸라나와 재료도 맛도 비슷한데, 중탕하여 반고체로 굳힌 것으로 달고나는 없고, 바닥에 카라멜이 깔려있다. 마지막으로, 아로스 꼰 레체 *el arroz con leche*는 단어 그대로 우유 *leche*에 밥 *arroz*인데, 우유에 쌀과 설탕을 넣어가며 아주 천천히 조리해서 계피나 바닐라 등을 첨가해 먹는 디저트다. 그러니까 스페인 사람들은 우유에 밥 말아 먹는다는 이야기. 소개한 디저트 세 가지 모두 일반 슈퍼에서도 가공된 제품으로 구매할 수 있다.

La Alcoba Azul
C/Sant Domeneq del Call, 14 +34
933028141
월-일 18.00-2.00

-

옛 유대인 마을 안에 위치한 작은 타파스 집이다. 내부에는 아주 오래된 돌벽이 그대론데 얼마나 두꺼운지 휴대폰 신호가 끊어진다. 좁은 공간에 테이블도 몇 개 안 되지만 정갈하게 나오는 타파스는 일품이다. 연어, 문어, 하몬 등 다 맛있다.

Gelaaati Di Marco

C/la Llibreteria 7 +933 105 045

gelaaati.com

월-일 10.00-0.00

-

이탈리안 아이스크림 제조자 마르꼬^{Marco} 씨가 운영하는 수제 이탈리안 아이스크림 가게. 이탈리안 친구들이 추천하는 이 탈리안 아이스크림 집이니 맛있는 건 말할 것도 없다. 하나하나 다 먹어보고 싶은 아이스크림이 마흔 가지가 넘는데, 유기농 우유를 사용하고 유당과 글루텐 없이, 우유와 달걀도 먹지 않는 엄격한 채식주의자^{vegano}들을 위한 아이스크림도 있다.

Papirvm

C/Bajada Llibreteria 2 +933 105 242

papirumbcn.com

월-금 10.00-20.30 토 10.00-14.00, 17.00-20.30

-

문구류를 좋아하는 사람이라면 환상적으로 느껴질 가게. 쓰면 쓸수록 애착이 생길, 포장지나 가죽 커버로 수제로 제작한 노트, 편지지와 봉투, 가죽 필통, 그리고 다양한 종류의 만년필과 볼펜 등 하나씩 구경하다 보면 손편지를 보내고 싶은 사람이 생각날지도.

고딕 지구, 페란 길 *Carrer de Ferran*

▪ 라발 지구 El Raval [주름. 2]

중세 시대, 급격히 늘어난 인구에 대한 거주지 해결을 위해 지금의 람블라스 거리에 있던 성벽 밖으로 도시를 확장하고 새로운 성벽을 건설하면서 형성된 지구가 라발이다. 생겨날 때부터 고딕 지구가 수용하지 못하는 인구를 해결하기 위한 방편으로 만들었기 때문에 도시의 중심 기능은 모두 고딕 지구에 집중되어 있고, 라발 지구는 원래 있던 농장들, 공방들과 집들이 섞여 고딕 지구와는 별도의 도시로 취급되어온 곳이다. 그런 배경 덕에 전형적이지 않은 것들, 혹은 주류가 아닌 것들이 이 라발 지구에 모여들어 그들만의 문화를 만들어 갔다. 집시들의 공동체가 형성되기도 했고, 한때는 도둑들이 많고 거주환경이 열악하다 하여 "바리오 치노barrio chino"1 라고 불리기도 했다. 지금도 경제적인 주거를 찾아 여러 나라의 이민자들, 가난한 예술가들이 모여서 사는 동네이며, 길거리에서 고객을 기다리는 직업 여성들을 심심찮게 볼 수 있는 곳이다.

한편, 이러한 라발의 여러 군상은 피카소에게 영감을 주어 예술가 본인에게도 절망적이었던 시기 "청색시대período azul" 작품들의 소재가 되기도 하였다. 또, 영화의 소재가 되기도 했는데 곤잘레스 이냐리투Alejandro González Iñárritu 감독의 "비우티풀 Biutiful"은 라발에 거주하는 이민자들, 그리고 그들과 경찰 사이의 인력 브로커로 살아가는 한 남자(하비에르 바르뎀Javier Bardem 주연)의 삶을 적나라하고 비극적으로 그리고 있다.

심각한 치안 문제로 한때는 시민들이 라발 지구를 통과해 지나가는 것을 꺼려하기도 했는데, 바르셀로나 시에서는 그 해결책으로 새로운 박물관 건립과 함께 라발 지구를 가르고 지나가는 공공 공간을 계획하였다. 그렇게 해서 1987년에 바르셀로나 현대미술관 Museu d'Arte Contemporani de Barcelona (MACBA)이, 1994년에는 바르셀로나 현대문화센터 Centro de Cultura Contemporània de Barcelona (CCCB)가 라발 지구 안에 건설

---

1 직역하자면 중국인 마을이지만, 중국 이민자들이 많아 붙은 이름은 아니다. 기자 빠꼬 마드리드Paco Madrid가 주간 신문El Escándalo에 처음으로 이 단어를 사용하면서 바리오 치노라 불리기 시작했다.

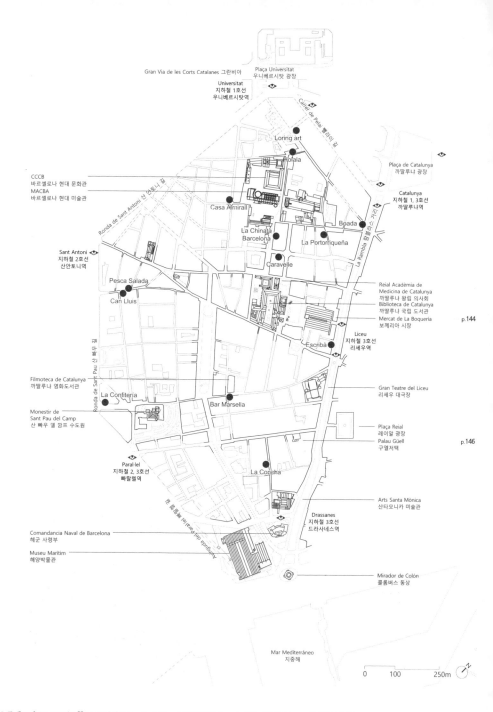

Gran Via de les Corts Catalanes 그란비아

Plaça Universitat
우니베르시땃 광장

Universitat
지하철 1호선
우니베르시땃역

Carrer de Pelai 뻴라이 길

Loring art

Hofala

Plaça de Catalunya
까딸루냐 광장

CCCB
바르셀로나 현대 문화관
MACBA
바르셀로나 현대 미술관

Casa Almirall

Catalunya
지하철 1, 3호선
까딸루냐역

Boada

Sant Antoni
지하철 2호선
산안토니역

La Chinata
Barcelona

La Portorriqueña

La Rambla 람블라 거리

Caravelle

Pesca Salada

Reial Acadèmia de
Medicina de Catalunya
까딸루냐 왕립 의사회
Biblioteca de Catalunya
까딸루냐 국립 도서관
Mercat de La Boqueria
보께리아 시장

p.144

Can Lluis

Liceu
지하철 3호선
리세우역

Escribà

Filmoteca de Catalunya
까딸루냐 영화서관

Gran Teatre del Liceu
리세우 대극장

La Confiteria

Bar Marsella

Plaça Reial
레이알 광장
Palau Güell
구엘저택

p.146

Monestir de
Sant Pau del Camp
산 빠우 엘 깜프 수도원

Ronda de Sant Pau 산 빠우 길

Paral·lel
지하철 2, 3호선
빠랄렐역

La Concha

Arts Santa Mònica
산타모니카 미술관

Drassanes
지하철 3호선
드라사네스역

Comandancia Naval de Barcelona
해군 사령부

Museu Marítim
해양박물관

Mirador de Colón
콜롬버스 동상

Mar Mediterráneo
지중해

0   100   250m

걷기 1.5 중세도시 *Ciutat Vella*: 고딕지구 Barrio Gótico, 라발지구 El Raval, 보른지구 El Born, 바르셀로네따 Barceloneta 135

된다. 이어서 라발 지구 안에서도 가장 환경이 열악했던 구역 한 가운데에 산책로 Rambla del Raval와 함께 호텔Barceló Raval, 까딸루냐 영화 문화관Filmoteca de Catalunya을 계획하여 2012년에 개관했다. 치안 문제가 심각한 골목 두 개를 넓은 산책로로 연결해 그 흐름을 바꾸고, 밤낮으로 손님을 태우고 택시가 오가는 호텔을 만들어 밤에도 불빛을 더하고, 교양 있는 시민들과 관광객들이 찾아오는 영화 문화관을 넣어 주변 거리를 오가는 사람들의 분위기를 바꾸어 버린 것이다.

ravalejar 까딸루냐어, **ravalear** 까스떼야노어

스페인어 사전에는 있지도 않고, 딱히 있고 싶지도 않은, Raval의 동사형(?)으로 만들어낸 단어로, 우리말로 하자면 "라발하다" 정도로 쓸 수 있겠다. 정의도 없이 인칭별, 시제별 동사 변형만 한동안 MACBA의 한 벽면에 붙어 있었는데, 라발에서 살아 본 사람이거나 자주 라발을 찾는 사람이라면 스스로 정의하는 "라발스러운" 상황이나 행동을 할 때, 어렵지 않게 이 단어를 쓰고 이해할 것이다. 그것만으로도 이 지역의 거주자들이 공유할 수 있는 특유의 감성 혹은 문화가 존재한다는 것을 보여

준다. 굳이 정의를 붙이자면 라발에 살다, 라발에서 산책하다, 라발에서 사고, 먹고, 마시다 정도로 일반할 수 있겠다. 그리고 지극히 개인적인 정의를 덧붙이자면 "라발의 골목들을 어슬렁거리면서, 필요하거나 필요해 질 것 같거나 또는 필요에 맞출 수 있을 것 같은 정보나 물건들 관계들(바꿔 말하면 갑자기 쓸모있어 보이거나 혹은 지금은 당장은 쓸모 없으나 앞으로 쓸모가 생길 수도 있는 물건들)을 기웃거리는 것"이라고 하고 싶다. 가구를 버리는 요일이 되면 누군가가 버린 다리 부러진 의자를 누군가는 고쳐 쓸 수 있을 것 같아서, 또 누군가는 재활용해서 다른 용도로 쓸 수 있을 것 같아서 주워간다. 수시로 열리는 골목의 중고 시장을 우연히 지나가게 되면 슬쩍 보다 1유로짜리 중고 동전지갑을 하나 사서 유용하게 쓰는 것이다. 그리고 이런 일들은 그저 친구들 만나 동네 단골 Bar에서 맥주 한 잔 하러 가는 길에 일어나는 것이다. 가장 늦은 시간까지 열려 있는 슈퍼마켓이 가장 많은 동네도 라발인데, 12시가 넘도록 혹은 밤새도록 열려있는 인도 아저씨들, 파키스탄 아저씨들의 작은 슈퍼야 말로 라발 지구의 치안 문제를 해결한 일등 공신일지도 모른다. 이민자들이 모여 살면서 치안 문제가 생기기도 했지만, 또 이 이민자들의 경제활동으로 밤낮으로 사람들이 붐비는 동네가 된 것이다. "라발"하러 가보시길.

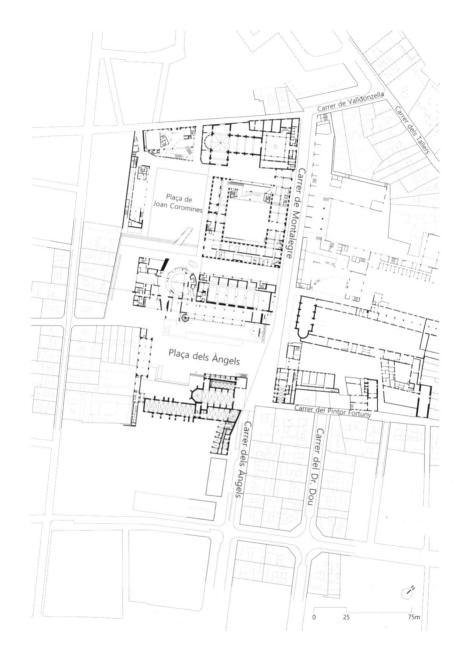

Plaça de
Joan Coromines

Carrer de Valldonzella

Carrer dels Tallers

Carrer de Montalegre

Plaça dels Àngels

Carrer del Pintor Fortuny

Carrer dels Àngels

Carrer del Dr. Dou

N

0   25   75m

기울어진 입면의 유리에 반사된 구시가지와 그 너머 바다의 전경

바르셀로나 현대문화센터
Centro de Cultura Contemporània de Barcelona, CCCB

그 역사가 아주 복잡한 건물인데, 12세기에 교회였던 것이 13세기에 수도원이 되고, 16세기에는 신학교로, 18세기에는 군 병영으로, 그리고 19세기에는 자선의 집으로 쓰였던 건물을 개조하여 1994년 바르셀로나 현대문화센터로 개관했다. 'ㄷ'형태의 기존 건물에 새로 확장한 건물을 더해 'ㅁ'자로 완성된 중정이 아름답고, 중정에서 경사로를 통해 지하로 건물에 접근하게 하여 중정을 건물의 주 공간으로 계획한 것이 돋보인다. 특히, 중정에서 바라보면 새로 지어진 유리 건물의 입면 윗부분이 기울어져 있는데, 기울어진 면을 통해 지중해 바다까지 유리에 반사된 고딕 지구 전경이 한눈에 들어온다. 전시뿐만 아니라 강연, 영화 상영, 그리고 2011년 확장된 극장에서는 공연과 음악회까지 아주 다양한 문화 행사를 주최하는데, 여름이면 중정에서 야외 영화 상영이나, 무용 공연이 열리기도 하고, 중고 시장이 서기도 한다.

바르셀로나 현대미술관
Museu d'Arte Contemporani de Barcelona, MACBA

　주로 건물 전체를 하얀색으로 설계해 '백색 건축'의 대표 건축가로도 유명한 미국 건축가 리차드 마이어*Richard Meier*가 설계한 건물로 역시 하얗다. 리차드 마이어가 '건축계의 노벨상'이라 불리는 프리츠커상*Pritzker Architecture Prize*[1]을 수상한 것이 1984년이니, 바르셀로나 현대미술관을 계획해 공사했을 1987년에는 세계적인 명성을 누리며 한참 주가를 올리고 있던 때였을 것이다. 낮에는 바르셀로나 특유의 쨍한 햇볕을 받아 눈부시게 빛나는 하얀 건물을 배경으로 앙헬 광장*Plaça dels Angels*

---

1 아직 한국인 수상자는 없으며, 스페인 출신 건축가로는 1996년에 라파엘 모네오*Jasé Rafael Moneo Vallés*, 2016년에 까딸루냐 출신 건축가 그룹*RCR Arquitectes*이 수상하였다.

에 매일같이 모여드는 스케이트 보더들로 시끌시끌하고, 밤이면 건물 전면의 조명을 배경으로 모여 앉은 사람들의 실루엣이 만들어내는 장면이 라발 지구 특유의 자유로움을 느끼게 한다.

바르셀로나 현대미술관은 1950년대 이후에 제작된 현대 미술품 5,000점 이상을 보유하고 있고, 현대의 시대상을 꼬집는 기획전시도 다양하며, 전시와 함께 기획되어 출판한 서적들도 많다.

까딸루냐 도서관 *Biblioteca de Catalunya*

바르셀로나 현대 미술관에서 항구 방향으로 두 블럭 걸어 내려가면 오래된 돌벽에 아치문 너머로 넓은 중정이 이어지는 건물이 나온다. 원래는 15세기에 산타 끄레우 병원*Hospital de la Santa Creu*으로 건설된 건물로, 이어져 있는 건물 전체를 병원으로 사용했었지만 1931년부터는, 가장 넓은 면적을 까딸루냐 도서관으로 사용하고 있고, 일부는 현재 산빠우 산타 끄레우 도서관*Biblioteca Sant Pau-Santa Creu*, 마사나 예술 대학*Escola Massana*, 까딸루냐어 연구소*Institut d'Estudis Catalans*, 까딸루냐 왕립 의학 학회*Reial Acadèmia de Medicina de Catalunya* 등으로 사용되고 있다. 다양한 기능이 한 건물군에 모여 있다 보니 건물 중앙의 정원이 있는 중정은 항상 다양한 사람들이 모

여든다. 정원 옆 사람 하나 눕기에 딱 적당한 폭의 돌 난간에 누워 낮잠 자는 노숙인들, 무료로 운영되는 야외 도서관에서 책 하나 빌려 읽고 있는 사람들, 야외 도서관 시설의 일부인 대형 체스판으로 게임하는 사람들, 또 그 옆에서 훈수 두느라 모여있는 사람들, 건물 돌 계단에 층층이 앉아 점심 먹는 학생들, 중정 안 카페에서 커피 마시는 사람들, 중정을 지름길 삼아 관통해서 지나가는 사람들, 우연히 들어왔다 급하게 지도에 찾아보는 관광객들... 지나다니는 사람들이 입고 있는 옷 두께는 바뀌고, 정원에 피고 지는 꽃들 색깔은 바뀌지만, 일년 내내 사람 풍경은 비슷하게 정겹다.

　참고로, 까딸루냐 도서관은 지방정부 운영이라 도서관 이용 규정이 조금 다르지만, 바로 옆 산타 끄레우 도서관처럼 시에서 운영하는 도서관들은 모두 완전히 개방되어 있는 공공 도서관이다. 그러니까 관광객도 여권가지고 가서 도서관 카드도 발급받을 수 있고, 또 카드 없이도 도서관이 열려 있는 시간에는 도서관 안의 서적들과 시설들을 자유롭게 이용할 수 있다. 거리에도 지하철에도 공중 화장실 없어 불편할 때가 있는데, 공공 도서관 화장실은 공중 화장실이다.

▌보께리아 시장 *Mercat de la Boquería* Mercado de la Boquería

보께리아 시장은 까딸루냐 도서관과 람브라스 거리 사이에 위치하고 있는데, 1840년 고딕 지구의 안과 밖을 가르는 성벽의 성문 바로 앞 노천에 장이 서기 시작한 것이 보께리아 시장의 기원이라고 한다. 원래 그 자리에는 수도원이 있었는데, 화재 후 수도원의 중정이 있던 자리는 그대로 비워두고 둘레로 커다란 기둥의 주랑을 건설하여 광장이 된 곳이라고 한다. 여러 길이 모이는 성문 앞이라 사람들이 많이 오가는 자리에 도시에서 가장 큰 광장이 생긴 데다, 성문 밖이라 세금은 내지 않아도 되니 장이 서기에 안성맞춤이었을 것이다. 이후 성벽이 있던 자리는 구시가지의 중심 거리인 람블라스 거리가 되었고 거기에 면해 있는 보께리아 시장은 바르셀로나에

서 가장 상징적인 시장이자 관광지로 알려지게 되었다. 수상하게 생긴 채소들, 한국에서는 찾아보기 힘든 갖가지 과일들, 또 하몬과 치즈들을 찾아 시장에 한번 들려보자. 점심 식사를 해결하기에도 좋은데, 시장 안에 포장한 요리를 파는 가게며 식당들도 있고 시장에 들어온 해산물을 가져다 바로 손질해서 구워주는 곳도 있다. 북적북적한 시장 한 모퉁이에서 신선한 재료로 요리한 음식을 먹는 묘미가 있다. 점점 이민자들이 개업한 이국적인 식당들도 생겨나도 있는데, 한국 식당도 하나 문을 열었다.

La Rambla 91 + 34 933 182 584

월-토 08.00-20.30 (가공되지 않은 식재료 코너는 보통 14.30까지)

구엘 저택 *Palau Güell* 1886-1890

보께리아 시장에서 람블라스 거리를 따라 계속해서 항구 방향으로 걸어 내려가자. 주안 미로가 디자인한 대형 모자이크 바닥을 밟고 리세우 대극장을 지나면 곧 구엘저택이 있는 노우 데 라 람블라 거리*carrer Nou de la Rambla* 입구다. 구엘 전택은 건물 이름 그대로 구엘이 의뢰하여 건설된 주택으로 구엘 가족이 거주했던 곳이다. 큰 규모의 주택 설계로는 가우디의 첫 작품이라고 할 수 있는데, 입면만 스물 다섯 가지를 계획했었다고 한다.

가우디의 초기 작품들에는 동양 문화에 강한 영감을 받아 무데하르 양식과 비잔틴 양식의 요소들이 많이 들어갔는데, 까사 빈센스, 구엘 농장과 함께 구엘 저택이 대표적이다. 까딸루냐의 가라프*Garraf* 지역의 석회암 표면을 매끈하게 다듬어 마감한 건물의 정면은 크게는 세 개의 층으로 구별할 수 있는데, 각각이 두 층으로 건물 전체는 총 여섯 층이 된다. 먼저 들어가는 입구부터 두 개 층 높이의 커다란 철문이 인상적인데, 방문자가 말을 탄 채로 내부로 들어갈 수 있는 높이로 계획된 것이다. 문을 통과한 방문자는 말에서 내려 바로 정면에서 맞이 하는 중앙계단을 통해 위층으로 올라갔을 것이고, 말은 경사로를 따라 지하의 마구간으로 보내졌을 것이다. 두 번째, 중층으로 이어지는 계단을 따라 올라가면 다양한 사교 모임과 연회에 쓰였던 중앙 홀이 있는 층으로 연결된다.

건물의 후면 쪽으로는 친교를 위한 방들과 차양 장치가 정교한 아름다운 창이 면하고 있는 외부 테라스, 식당까지 이어진다. 테라스에서 내려다 보면 지하의 마구간까지 뚫린 중정이 나타나는데, 지하의 채광과 환기를 해결할 뿐만 아니라 3층에서부터 지하의 사람을 불러 말을 준비시키기에도 편리했을 것이다.

같은 층 건물의 전면 쪽으로는 외부에서는 보기에는 튀어나온 발코니 같았던 석회암 입면 안쪽으로, 빛이 들어오는 복도가 아름답다. 이어서 중앙 홀로 들어서면 머리 위로 포물선 형태의 높은 돔과 그 구멍 사이사이로 지붕에서부터 새어 들어오는 빛이 감탄을 자아낸다. 이 중앙 홀은 실내에 있지만 중정과 같은 배치로 홀이 있는 층에서부터 지붕 층까지 다섯 개 층을 하나의 공간으로 이어주는 역할을 한다.

다음으로, 구엘 가족의 침실이 배치되어 있는 층으로 올라가면 중앙의 'ㅁ'자 형태의 복도에서 중앙 홀이 한 눈에 내려다보인다. 각 방 마다 난로가 방의 일부로 함께 디자인 되어있고, 아르누보 양식의 높은 공예 기술 수준이 드러나는 가구들이 가득해 당시 바르셀로나 최대 부호의 화려한 주거 수준을 잘 보여준다.

그 위층, 그러니까 여섯 번째 층이 부엌을 포함해 주거에 필요한 설비 시설과 가사일을 맡아서 했던 사람들의 방이 있던 곳이다. 마지막으로 옥상에 올라가면 각 방에서 보았던 난로와 연결되어 있을 굴뚝들이 가우디 특유의 조형이 드러나는 다양한 모양과 색깔로 흩어져 서있고, 중앙에는 구멍이 숭숭 뚫린 뾰족한 원뿔 형태의 탑이 하나 서있는데, 바로 중앙 홀에서 보았던, 구멍 사이로 빛을 쏟아 내던 돔의 바깥 모습이다.

19세기 말의 지하 주차장, 마구간

외부로 완전히 열려있는 공간은 아니지만 중정과 같은 공간을 중심으로 하여 평면을 배치한 것 또한 이슬람 건축의 영향으로 보인다.

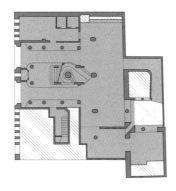

1층 평면도

2층 평면도

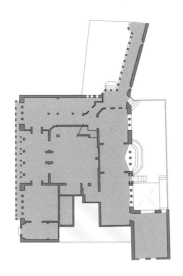

3층 평면도

5층 평면도

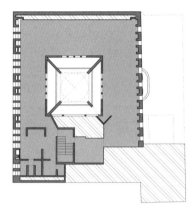

6층 평면도

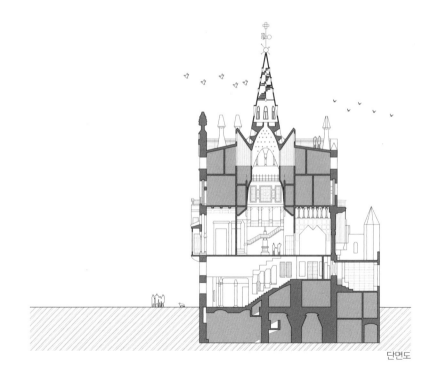

단면도

각 방들마다 있던 난로와 연결되는 굴뚝, 그리고 전구를 박아놓은 듯 반짝이던 돔의 외부

가우디*Antoni Gaudí*와
에우세비 구엘*Eusebi Güell*

검소하고 열정적으로 일했던 신인 건축가 가우디와 성공한 사업가이자 나중에
는 귀족의 지위까지 받게 되는 상류사회 인사인 구엘의 만남은 아주 작은 일로 이
루어졌다. 가우디가 자주 가던 장갑 가게의 주인이 1878년 파리에서 개최된 만국
박람회에 출품하면서 상품을 전시할 진열대 하나를 가우디에게 의뢰했는데, 박
람회장을 방문한 구엘이 그 진열대를 보고 감탄하여 가우디를 찾았던 것이다. 각
국에서 온 갖가지 작품과 상품으로 가득해 다 둘러보기에도 벅찬 만국박람회장

에서 그 와중에 상품을 진열한 가구를 작품으로 알아본 구엘도 참 특이한 사람이다. 이래서 작은 일에도 최선을 다하라고 하는 모양이다. 진열대 디자인 하나를 계기로 가우디는 그의 천재성을 알아봐주고, 그의 최대 고객이자 관대한 후원자이며 변함없는 친구가 되어 줄 사람을 만나게 된 것이다. 가우디의 재능, 열정은 의심할 바 없지만, 구엘이 없었다면 그의 천재성이 건축 작품으로 구현되지 못했을 지도 모른다. 구엘은 가우디와의 만남이 이루어 진지 6년째에 가우디에게 구엘 농장^{Finca Güell (1884-1887)}을 의뢰한 데에 이어, 건축가로서의 입지를 다지게 할 작품 구엘 저택^{*Palau Güell*}을 의뢰한다. 원래 있던 구엘 집안의 주택을 헐고 그 자리에 구엘 저택을 의뢰한 것인데, 가우디의 계획과 공사에 정신적, 물질적 지원을 아끼지 않았다. 게다가 1888년 바르셀로나 시우타데야 공원에서 열린 만국박람회에 기간에 맞춰 공사를 진행하고 구엘 저택을 시설로 포함시켰는데, 박람회 기간 동안 합스부르크 왕비 María Cristina, 이탈리아의 국왕 Humberto I, 그리고 미국의 대통령 Grover Cleveland도 이 저택을 방문했었다고 하니, 바르셀로나에서뿐만 아니라 세계적인 명성을 얻게 된 셈이다. 그 이후로도 와인 저장소 ^{Bodegas Güell (1895-1897)}, 구엘 공원^{*Parc Güell* (1900-1914)}, 구엘의 산업단지 마을 안의 예배당^{Cripta de la Colonia Güell (1908-1915)}을 모두 가우디에게 의뢰했을 뿐만 아니라, 1910년에는 파리의 그랑 팔레^{*Grand Palais*}에 가우디의 전시회를 열어주기도 했다. 건축가의 입장에서는 다시 없을 최고의 건축주를 만난 것으로, 이런 토양이 있었기에 풍부하게 건축 문화가 발달하고, 천재 건축가가 탄생할 수 있었던 것이다.

해양 박물관 *Museu Maritim*

콜롬버스의 동상이 서있는 람블라스 거리 끝, 라발 지구도 끝나는 지점까지 걸어 내려가면 해양 박물관이다. 1km가 넘는 람블라스 중에서도 해양 박물관 가까이 있는 라발 지구를 포함한 구간을 드라사네스*Drassanes*라고 부르는 것도, 그 근처 지하철 역 이름이 드라사네스*Drassanes*인 것도 바로 이 해양 박물관 건물이 예전에 조선소, 까딸란어로 *Drassanes*였기 때문이다. 13세기에 아라곤 왕국의 뻬드로 3세 Pedro III가 건설한 왕립 조선소로 증축을 해가며 18세기까지도 선박 건설을 위해 사용되었는데, 내전 이후 1941년에 해양 박물관으로 개관하였다. 늘어선 기둥이 11줄, 그러니까 그 사이에 공간이 10개나 되고 그중에는 길이가 120m에 너비가 13.5m에 달하는 곳도 있다. 이렇게 기둥 열과 기둥 열, 혹은 벽과 벽 사이의 구조적이고 공간적인 하나의 단위로 인식되는 이 공간을 건축용어로는 신랑, 영어로는 네이브*nave*라고 부른다. 스페인어로는 나베*nave*, 단어의 기원이 되는 라틴어로는 *navis*라고 하는데 원래는 배, 선박이라는 뜻이다. 조선소에서는 하나의 공간 단위 nave마다 선박 nave가 한 척씩 건설되었을 것이다. 중세 조선소의 규모 만으로도, 대항해시대 때는 해가 지지 않는 나라라고 불렸던 해양 국가로서의 면모를 실감하게 한다. 1571년 레판토 해전 때 건조된 갤리선이 선체 길이 60미터의 실제 크기로 재현되어 있고, 18세기 돛단배, 19세기 증기 외륜선, 증기선 그리고 다양한 시대의 스페인의 항해 기술에 대한 설명 등 볼거리가 다양하다.

해양 박물관을 나와 빠랄렐 길*Av. Paral·lel*로 돌아서 나가면 라발 지구의 경계가 되는 14세기 중세 도시의 세 번째 성벽이 일부와 성문 하나가 남아 있는 것을 찾아볼 수 있다.

먹을 곳
마실 곳
쇼핑할 곳

Granja M. Viader

C/Xuclà 4-6 +34 933 183 486

www.granjaviader.cat

월-토 09.00-13.15, 17.00-21.15

-

이 좁은 골목 추끌라*Xuclà* 길의 같은 자리에 1870년부터 유제품 판매소*granja*가 있었는데, 비아데르*Marc Viader Bas* 씨가 자신의 이름을 붙여 Granja M. Viader로 개업한 것은 1910년이었다고 한다. 이후, 비아데르씨는 유제품 판매뿐만 아니라 냉장, 살균 처리에 대한 연구 끝에 1925년 가공, 포장, 유통까지 하는 우유 회사 Letona를 설립한다. 그는 둘째 아들 주안*Joan Viader*과 함께 유럽 전역을 여행하며 각종 박람회나 대회 등을 찾아 새로운 기술, 처리 방식 그리고 가공류에 연구를 하였는데, 그렇게 탄생한 것이 코코아를 넣은 우유, 카카올랏*Cacaolat*이다. 카카올랏은 그때도 지금도 전 국민적인 사랑을 받는 상품인데, 내전 이후 15년간 생산이 중단 되었다가 재생산 되기도 하고, 회사와 함께 제품이 사라질 위기

에 처하기도 하면서 여러 차례 사주가 바뀐 끝에 2011년에는 맥주회사 담 *Damm*의 소유가 되었다. 유제품 판매소가 있던 자리에는 4대째 옛 농장에서 유통해오는 치즈, 요거트 등의 유제품과 까딸란 디저트인 마토 치즈와 꿀 *Mató i miel*, 끄레마 까딸라나, 플란, 추러스 꼰 초콜라떼 등의 디저트류를 파는 초콜렛 찻집 *chocolatería*이 운영되고 있다. 오래된 타일 바닥에 하얀 대리석 테이블에 앉아 둘러보면, 벽면에 옛 농장과 공장, 가족 사진, 옛 카카올랏 광고 사진들이 가득하다.

La Portorriqueña

C/Xuclà 25 +34 933 173 438
https://www.facebook.com/
pages/La-Portorrique%C3%-
B1a/172020906165014
월-금 09.00-14.00, 17.00-20.00 토
09.00-14.00

-

뿌에르또 리꼬, 브라질, 콜롬비아, 에티오피아, 케냐 등에서 수입한 커피를 볶아서 파는 커피 가게로 1902년에 개업했다고 하니 100년도 훌쩍 넘었다. 나라별로 커피를 고를 수도 있고, 비율까지 정해 섞을 수도 있다. 진열대에 쌓여 있는 빨간 봉투에 든 커피콩들은 맛과 향을 고려해 가게에서 추천하는 배합으로 원두콩 그대로 살 수도 있고, 종이 필터에 걸러 마시는지, 에스프레소 기계를 쓰는지, 모카포트를 사용하는지에 따라 그 자리에서 커피를 갈아서 구매할 수도 있다. 디자인도 예쁜 빨간 봉투에 막 갈아나온 커피를 받아서 나오면 진한 커피향이 내내 따라온다. 길에 스쳐 지나가는 사람들도 내 가방에 커피가 들었다는 걸 알 수 있을 정도로.

Bar Marsella

C/Sant Pau 65 +34 934 427 263

일-목 22.00-02.30 금-토 22.00-03.00

바르셀로나에서 가장 오래된 Bar로 알려져 있는데, 1820년에 개업하였으니 200년이 다 되간다. 2013년 임대 계약 종료와 함께 폐업한다는 소식이 있었지만, 다행이 위기를 넘기고 살아있는 역사로 여전히 영업 중이다. 간판 글자는 읽기 힘들 정도로 지워져 있고, 산 파우 길*Carrer de Sant Pau* 모퉁이에 붙어있어 잘 보이지도 않는 곳에, 낮에는 그저 낡은 건물에 때 묻은 셔터만 덩그러니 닫혀 있어 뭐하는 곳인가 싶을 뿐이다. 그러니 어둑어둑 해가 지고 10시가 넘은 밤 길 끝에 불을 밝히며 열려있는 마르세야는 갑자기 어디서 나타난 것만 같은 모습이다.

스페인 내전 동안에는 헤밍웨이*Ermest Hemingway*가 들렸다고 하고, 피카소^{Pablo Picasso}와 달리 *Salvador Dali* 가 자주 찾곤 했다는데, 안으로 들어서면 어느 구석에 그들이 앉아있을 것만 같은 모습이다. 보헤미안스러운 내부에는 칠이 벗겨져 너덜너덜한 천장에 골동품 가게에서나 볼 수 있을 것 같은 샹들리에가 달려있고, 부분적으로 보수하고 새로 붙일 때 같은 재료를 못구했는지 패턴이 제각각인 바닥 타일에, 오래된 하얀 대리석 테이블 주변으로는 한 쌍도 같은게 없는 의자들이 모여있다.

마르세야의 가장 인기 메뉴는 19세기 예술가들이 즐겨마셨다는 술, 압센타*Absenta*(압생트)인데 매우 독한 술로 각설탕을 술과 차가운 물로 녹여 먹거나, 술에 적신 각설탕에 불을 붙여 녹여 먹기도 한다. 목이 따가울 정도의 쓴맛을 즐기기 어렵다면, 오디를 넣은 진*Ginebra con mora*을 추천한다.

Casa Almirall

C/Joaquín Costa 33 +34 933 189 917

casaalmirall.com

월-수 16.30-02.00 목-일 12.00-02.30

-

1860년에 개업해 150년이 넘은, 들어가는 문부터 창문, 내부 디자인까지 까딸란 모더니스트 양식이 그대로 보존되어 있는 칵테일 Bar다. 맥주나 다양한 위스키와 진, 베르뭇 한 잔 마시며 고풍스러운 공간을 즐기기에 좋다.

· 보른 지구^{El Born} [주름. 2]

    항구와 가까워 중세 13-15세기 바르셀로나의 경제 중심지였던 보른 지구에는 고 딕양식의 상거래소^{El salón de Contrataciones}, 영사관^{La sala de los Cónsules} 그리고 대상인들의 저택들이 많이 있었다. 16세기 고딕 지구 가까이로 새로운 항구가 건설되면서 중심 상업지로서의 기능을 일부 상실했고, 왕위 계승 전쟁에서 패배한 후 1714년에는 군 대와 함께 성채^{La Ciutadella} 건설을 위해 많은 수의 주민들이 강제 이주를 당하는 아픔 을 겪은 곳이기도 하다.

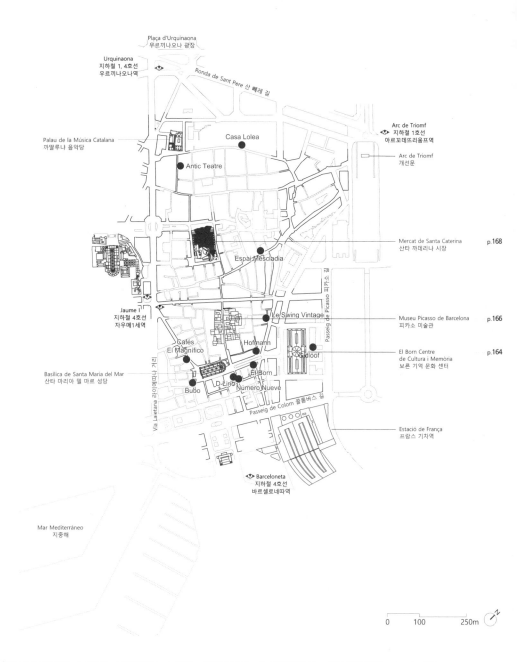

Plaça d'Urquinaona
우르끼나오나 광장

Urquinaona
지하철 1, 4호선
우르끼나오나역

Ronda de Sant Pere 산 뻬레 길

Arc de Triomf
지하철 1호선
아르꼬데뜨리옴프역

Palau de la Música Catalana
까딸루냐 음악당

Casa Lolea

Arc de Triomf
개선문

Antic Teatre

Mercat de Santa Caterina   p.168
산타 까데리나 시장

Espai Mescladia

Jaume I
지하철 4호선
자우메1세역

Le Swing Vintage

Museu Picasso de Barcelona   p.166
피카소 미술관

Cafés
El Magnífico

Hofmann

Idloof

El Born Centre
de Cultura i Memòria   p.164
보른 기억 문화 센터

Basílica de Santa Maria del Mar
산타 마리아 델 마르 성당

Bubo

D-Libio

El Born

Número Nueve

Passeig de Colom 콜롬버스 길

Estació de França
프랑스 기차역

Barceloneta
지하철 4호선
바르셀로네따역

Mar Mediterráneo
지중해

Via Laietana 라이에따나 거리

Passeig de Picasso 피카소 거리

0   100   250m

걷기 1.5 중세도시 *Ciutat Vella*: 고딕지구 Barrio Gótico, 라발지구 El Raval, 보른지구 El Born, 바르셀로네따 Barceloneta 159

산타 마리아 델 마르 성당Santa Maria del Mar

   고딕 지구와 보른 지구의 경계가 되는 라이에따나 길Via Laietana에서 아르젠떼리아 길Carrer de l'Argenteria을 찾아들어 가면 길 끝에 산타 마리아 델 마르 성당의 비스듬한 입면과 종탑이 눈에 들어온다. 마르Mar는, 바다를 뜻하는 단어인데, 해안선이 지금보다 훨씬 더 도시 가까이에 있었을 중세 시대, 항구 근처에다 항구 노동자들과 바다 사람들이 자기들의 정신적 안식처를 갖고자 하는 열망으로 건설한 성당이다. 성당의 정문에는 등에 돌을 지고 가는 사람의 모습이 새겨진 금속 조각이 두 개 붙어 있다. 몬주익 언덕의 채석장에서부터 성당 건축에 필요한 석재를 지고 나르는 노동자들의 모습을 조각한 것으로 산타 마리아 델 마르 성당의 건축 과정을 바탕으로 항구 노동자들의 삶을 소재로 한 소설, "바다의 성당La Catedral del Mar" 속에 묘사된 그대

로이다. "바다의 성당"은 지금은 출간하는 소설마다 베스트 셀러에 이름을 올리는 작가로 알려져 있는 현직 변호사 일데폰소 팔꼬네스^{Ildefonso Falcones}의 처녀작으로, 출간된 2006년 당시 스페인에서 40주 이상 1위를 하며 화제를 불러 일으켰던 작품이다. 성당이 지어졌던 봉건 시대의 부조리와 음모, 농노들과 노동자들의 고단하고 억울한 삶만큼이나 강렬했던 영혼의 안식과 자유에 대한 열망, 그리고 그 한 가운데에서 중심을 잡아 주는 성당에 대한 이야기를 역사적 사실에 근거해서 풀어낸 아주 매력적인 소설이다. 주인공의 상황에 몰입해 화나고 억울하고 슬프고 기뻐하면서 소설을 읽고 난 다음에 가서 실물로 보는 성당은 그 자체로 감동적이다.

산타 마리아 델 마르 성당은 산타 마리아 데 라스 아레나스^{Santa Maria de las Arenas}라고도 불렸다. 해안선에 가까워 모래^{arena}의 성당이라 불린 것으로 알려져 있었지만, 최근에 성당 정면 쪽에 들어간 로마시대 아치 등을 근거로 성당이 옛 로마의 전차 경기장 기초 위에 건설되었으며 이름도 전차 경기장 바닥에 깔렸던 모래에서 유래했을 것이라는 연구가 발표되었다.

성당의 평면과 구조를 해결한 방식은 대성당과 매우 비슷하지만 모든 것이 훨씬 소박하다. 그럼에도 불구하고 산타 마리아 델 마르 성당의 내부는 바르셀로나에서 손에 꼽게 아름다운 공간인데, 다른 장식 없이 팔각으로만 깎아 세운 기둥들이 반복되며 공간에 리듬감을 부여하고, 벽감 안의 제단들은 큰 장식도 철문도 없이 열려있어 길쭉한 창의 스테인드 글라스가 온전히 드러나고 내부가 훨씬 더 확장되어 보인다. 특히, 성모상이 모셔져 있는 제단을 돌아 뒤에서 보면 성당 정면에 있는 장미창을 뚫고 들어오는 색색의 빛 가운데 역광을 받아 실루엣만 선명한 성모상의 모습이 잊혀지지 않을 장면을 이룬다. 제단 뒤쪽으로 난 문을 통해 나가면 바로 보른 거리 *Passeig de Born*로 이어지는데, 성당부터 보른 거리를 포함한 면적을 내려다 보면 전차 경기장이 있었음 직한 형태가 보이는 듯도 하다.

한편, 성당 옆으로 넓은 바닥이 기울어진 한 중간에 비가와도 꺼지지 않는 불꽃이 타오르는 높은 구조물이 있는데, 왕위 계승 전쟁의 희생자들을 위한 추모 기념물이다.

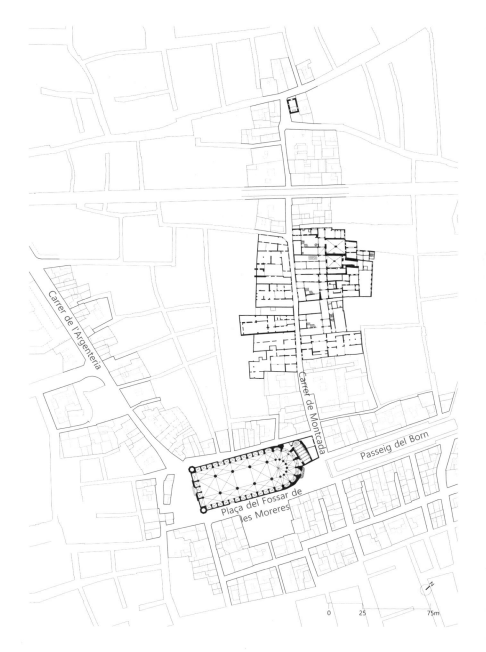

Carrer de l'Argenteria

Carrer de Montcada

Passeig del Born

Plaça del Fossar de les Moreres

0   25   75m

걷기 1.5 중세도시 *Ciutat Vella*: 고딕지구Barrio Gótico, 라발지구El Raval, 보른지구El Born, 바르셀로네따Barceloneta 163

보른 기억 문화 센터 *El Born Centre Cultural i de Memòria*

보른 거리*Passegi del Born*를 따라 걸으면 낮에도 밤에도 가로수와 가로등이 운치 있고, 양쪽 골목으로는 곳곳에 디자인 가게, 오랜 된 식당, Bar 등이 많은데, 그 길의 끝에는 광장과 함께 광장 한 변을 다 차지고 하고 서있는 건물 앞으로 커다란 까딸루냐의 깃발이 펄럭이고 서있다.

보른 기억 문화 센터*El Born Centre Cultural i de Memòria*이다. 이전에는 보른 시장으로 사용되었던 건물이고, 그것보다 더 이전에는 군대가 있었던 자리이며, 또 그것보다 더 이전에는 주거지였던 곳이다. 왕위 계승 전쟁에서 패배한 후 주민들을 강제 이주시키고 시우타데야*La Ciutadella* 군대 시설을 건설했던 것을, 19세기에는 그 성벽을 모

두 헐어내고 그 자리에 1888년 만국박람회장으로 사용됐던 공원*Parc de la Ciutadella*과 보른 지구의 시장 *Mercat del Born* 을 건설하였다. 이 시장 건물은 이후 일부 개조하여 전시장으로 사용하기도 하였는데, 2002년에 와서는 바르셀로나 도서관으로 개조하기 위한 공사를 진행하던 중에 3세기 전 군대 설치를 위해 덮었던 중세의 거주지 유적이 아주 온전한 형태로 발견되어 지금은 건물이 통째로 기억 문화 센터*El Born Centre Cultural i de Memòria* 로 사용되고 있는 것이다.

유적이 발견된 건물은 바닥을 대부분 걷어내고 복도만 남은 건물이 되었는데, 2014년 바르셀로나 패션 행사 때는 별도의 런웨이를 설치하지 않고 복도만 남은 형태 그대로 런웨이로 사용해 독특한 장면을 연출하기도 했다. 보른 기억 문화 센터를 방문하게 된다면 건물을 나오자마자 바닥에 깔려있는 재료를 한번 주의 깊게 살펴보자. 건물 밖 광장도 파면 다 유적들이 발굴 될 텐데, 그렇다고 광장을 다 파낼 수는 없고, 문화 센터에서 발굴된 유적들을 근거로 복원한 도시의 평면이 광장 바닥 전체에 그려져 있다.

피카소 뮤지엄 _Museu Picasso de Barcelona_

　산타 마리아 델 마르 성당과 보른 거리 사이로 난 몬뜨까다 길^{Carrer de Montcada}을 찾아 들어가자. 보른 지구의 많은 중세 건물들은 용도를 바꾸어 여전히 사용되고 있는데, 그중에서도 몬뜨까다 길에 연속해 위치해있는 'ㅁ'자로 생긴 중정형 저택 다섯 채의 내부를 뚫어 연결해 하나의 미술관으로 개조한 건물이 바로 피카소 뮤지엄 ^{Museo Picasso}이다.

　다섯 채를 연결하는 1층 복도에서 보는 반복되는 문들과 중정에서부터 새어들어오는 자연광이 만들어내는 공간이 매우 독특하다. 중정에서부터 전시 공간으로 연결하는 외부 계단을 따라 관람을 시작하는데 관람 공간 안에 나타나는 돌벽, 문, 나선형 계단 등은 옛 저택의 모습을 상상하게 한다. 전시 동선을 따라 이동하다보면 중간중간 외부 공간이 나타나는데 바로 각각의 저택들에 있는 중정들이다.

　소장하고 있는 작품들은 초창기 작품들(1890-1917)이 많고, 중요한 작품으로는 1957년에 제작된 라스 메니나스^{Las meninas} 연작이 있다. 스페인 미술 역사상 가장 걸작으로 평가되는 17세기 스페인의 화가 벨라스케스^{Diego Velázquez}의 라스 메니나스를 재해석한 연작으로 58점이나 된다. 피카소의 천재성뿐만 아니라, 하나의 주제를 가지고 얼마나 파고들었는지 그의 노력과 집요함이 그대로 드러나는 작품이다. 사실 피카소는 1953년 그의 작품들을 그가 태어난 도시 말라가^{Málaga}에 기부하며 미술관 건립을 제안하였는데 기부를 거절당하고 만다. 이후 1960년, 피카소의 친구이자 비서였던 사바르떼스^{Jaime Sabartés}가 그가 소장하고 있던 작품들을 기부해가며 바르셀로나 시에 피카소 미술관 개관을 제안하였고, 이에 바르셀로나 시는 당시 프랑코 독재 하의 중앙 정부의 반대를 무시하면서 미술관 개관을 추진하여 1963년 문을 열게 되었다.

중세시대 대상인들의 저택들이 양쪽으로 줄지어있는 몬뜨까다 길. 그 저택들 중 다섯 채를 개조하여 피카소 뮤지엄이 자리 잡고 있다.

당시 중앙 정부는 왜 피카소 미술관의 개관에 반대를 했을까?

1936년에서 1939년에 일어난 내전에서 공화국 정부편에서 파시스트 군부에 강력히 저항했던 두 지역이 까딸루냐와 바스크 지방이었다. 내전 중, 1937년 프랑코 군을 지원하는 독일 나치의 비행기가 바스크 지방의 작은 마을을 폭격하여 2000여 명이 사망하는 비극이 일어난다. 그 마을의 이름이 바로 피카소의 대표작, 게르니카Guernica다. 당시 피카소는 이미 파리에서 사랑받는 예술가로 활동을 이어가고 있을 때였고, 피카소의 게르니카는 폭격이 있었던 같은 해에 파리에서 열린 만국박람회 기간 중 스페인관에 전시된 작품으로, 파시즘에 대한 저항이자 프랑코의 학살에 대한 고발이었다. 내전은 수십만의 사망자를 내고 결국 프랑코 군부의 승리로 끝났고, 스페인은 프랑코가 사망하는 순간까지 36년간의 기나긴 독재 체제로 들어가게 된다. 프랑코에게 피카소는 자신에 대한 국제적 비난을 불러 이르킨 인물로 눈엣가시 같은 존재였을 것이다. 그런 이유로 피카소는 2차 세계대전이 끝나고도 스페인으로 돌아오지 못하고 남은 인생을 남프랑스에서 보냈다.

산타 까떼리나 시장 *Mercat de Santa Caterina*

피카소 뮤지엄에서 프린세사 길*Carrer de la Princesa*을 건너 좁고 높은 골목들로 찾아 들어가다 보면 갑자기 열린 공간이 나온다. 1844-1848년, 13세기에 건설되어 600년 가까이 그 자리를 지키고 있었던 산타 까떼리나 수도원을 헐고, 같은 자리에 바르셀로나 최초로 지붕이 있는 시장으로 산타 까떼리나 시장이 건설되었다. 그리고 다시 150년 후, 낙후 된 시장 주변 지역을 복원, 재생하고자 하는 도시계획의 일환으로 대대적인 개축이 있었는데, 지금 일부 시장 건물에 남아있는 13세기 수도원의 기초 유적은 이 공사 중에 발견되어 보존된 것이다.

1997년에 시작된 이 개축 계획은 근현대 스페인의 천재 건축가라고 불리는 엔릭 미라예스*Enric Miralles*가 두 번째 아내, 건축가 베네데따 딸리아부에*Benedetta Tagliabue*와 함께 맡아 기존 시장 건물의 입면은 남겨놓고 지붕 계획을 새로한 것이다. 지붕을 또 하나의 입면으로 보고, 색색의 육각형 타일로 마감한 물결치는 형태로 계획한 것이 압권이다. 하늘에서 내려다 보지 않고서는 지붕 전체를 볼 수 없지만, 길에서 보더라도 옛 건물의 입면 위로 구불구불 내밀어져 있는 지붕의 모습이 그 자체로 가장 강력한 입면의 요소가 된다. 내부는 전체가 구획도, 기둥도 없이 하나의 공간으로 계획되었는데, 거대한 지붕의 지지를 해결하는 것이 어려운 과제였다. 구조 계획만 3년에 걸쳐 진행되었다고 하는데, 미라예스는 비정형적인 궁륭 형태로 이어지는 지붕을 통째로 케이블에 걸어 메달린 구조로 계획하고자 하였지만 지붕 무게 때문에 실현되지 못하였다. 결국, 활처럼 굽은 지붕 구조를 나무로 짠 것을 철구조의 보에 지지하고, 그 길쭉한 보의 처짐을 막기 위해 그 중간을 기둥없이 42미터를 나르는 철구조에 걸고, 또 그 철구조는 철근 콘크리트 기둥과 보에 지지하여 해결하였다. 시장 안에서 올려다보면, 조금씩 변형되며 같은 간격으로 반복되는 나무 아치가 철구조의 보와 함께 구불구불 이어지는 것이 장관인데, 그 부재들이 어디에서 어디로 이어지고, 어디가 마디가 되는지, 무엇과 어떻게 연결되는지를 관찰하면 그대로 지붕

구조를 읽고 있는 셈이된다. 건축가 엔릭 미라예스는 자신의 천재성을 또 한 번 입증한 이 작품의 완공을 보지 못하고 45세의 젊은 나이로 사망했다. 한편, 신선한 식재료를 사는 재미도 있지만, 산타 까떼리나 시장에서는 한 쪽 복도를 따라 길쭉하게 주방이 열려있는 식당에서 시끌벅적하게 모여앉아 따빠스 요리로 식사를 하기에도 좋다.

월, 수, 토 07.30-15.30

화, 목, 금 07.30-20.30

www.mercatsantacaterina.com

또 한 명의 천재 건축가 엔릭 미라예스 *Enric Miralles*

사실 바르셀로나에는 가우디뿐만 아니라 여러 시대에 걸쳐 천재적인 건축가들이 많았는데, 그중 한 사람 엔릭 미라예스는 1955년에 태어나 1983년부터 2000년까지 활동했던 현대 건축가다. 까딸루냐 공과 대학의 바르셀로나 건축대학을 졸업하고, 바르셀로나 근대 건축의 거장 비아쁠라나 Albert Viaplana의 사무실에서 여러 해 근무하였다. 그의 이름을 걸고 활동한 것은 첫 아내인 건축가 까르메 삐노스 *Carme Pinós*와 함께 한 것이 8년, 홀로 활동한 것이 4년, 두 번째 아내인 건축가 베네데따 *Benedetta Tagliabue*와 함께 한 것이 6년, 총 18년이다. 비록 짧은 기간이지만 그 안에 그 만의 고유한 예술적 조형을 구축하며, 베네치아 비엔날의 금사자 상을 포함한 여러 상을 수상하였고, 하버드 대학에 초대 교수로 재직하는 등 일찍이 이름을 날렸다. 그의 사망 후 두 번째 아내와 운영하던 설계 사무소 EMBT는 건축가 베네데따가 여전히 이어가고 있다. 그의 작품은 바르셀로나와 스페인뿐만 아니라 유럽 전역에 많은데, 바르셀로나에서는 산타 까떼리나 시장과 디아고날 마르 공원 Parque de Diagonal Mar, 가스 공사 건물 Edificio de Gas Natural 등이 있고, 조금 외곽으로 나가면 그의 대표작으로 꼽히는 이구알라다 묘지 공원 Parque Cementerio de Igualada, 산타 로사 공원 Parque Santa Rosa en Mollet del Vallès 등을 방문해 볼 수 있겠다.

까딸란 음악당 *Palau de la Música Catalana* 1905-1908

　다시 또 골목을 따라 까딸란 음악당을 찾아 들어가자. 베르다게르 길 *Carrer de Verd-aguer i Callis* 을 통해 음악당에 도착한다면, 좁고 어두운 골목 끝에, 골목의 양쪽 건물 사이 공간에 가득 빛나는 음악당의 모습이 드라마틱하게 보일 것이다. 음악당의 주 출입구가 면해있는 골목도 역시 좁아서, 이리저리 움직여 봐도 카메라에 건물의 모습 전체를 담는 것이 불가능한 곳에 모더니즘 시대의 보석이 들어가있다.

　까딸란 음악당은 까딸란 모더니즘 건축의 거장 루이스 도메니크 *Lluís Domènech i Montaner* 의 대표작으로 1997년에 유네스코 세계 문화 유산에 등재 되었다. 당시 기업가들, 금융가들을 포함한 음악 애호가들의 후원을 받아 건설되었다고 하는데, 이 건물이

모든 계층을 위한 것이라는 상징으로 "까딸루냐의 민중 음악 _La cançó popular catalana_"이라는 이름의 조각에 어부, 농부, 노인, 어린이 등 다양한 인물들을 새겨넣어 건물의 모퉁이를 장식했다고 한다. 수려한 조각에 각가지 색의 모자이크로 건물 외부도 화려하지만 내부는 더하다. 홀에서부터 양쪽으로 올라가는 계단이 웅장한데, 돌을 세공한 난간에 유리로 세공한 손잡이, 꽃 문양이 돋을새김된 세라믹 타일로 장식된 계단 디딤판, 천장, 조명까지 장식 없는 것이 없다. 음악당 안으로 들어가면 넓은 면적의 천장이 통째로 스테인스 글라스로 마감되었고, 모자이크로 장식된 기둥마다 걸려있는 조명이 또 화려하다. 철구조로 계획하여 넓은 공간에 크게 낼 수 있었던 창들도 모두 스테인드 글라스로 마감하였고, 곳곳에 수려한 조각들과, 모자이크, 유리 세공이 가득해 건물 자체가 하나의 종합 예술이다. 재료도 철, 벽돌, 석재, 세라믹, 유리 등 다양하고, 색깔까지도 다른 갖가지 요소들로 조화로운 공간을 만들어낸 것이 정말 화려함의 극치다.

먹을 곳
마실 곳
쇼핑할 곳

Antic Teatre
C/Verdaguer i Callís 12 +34 933 152 354
www.anticteatre.com
월-목 10.00-23.30 금 10.00-24.00 토 17.00-24.00
-

베르다게르 길 *Carrer de Verdaguer i Callís* 을 따라 걸어들어가면, 간판도 없이 그저 열린 문 너머로 계단만 덜렁 보여 일부러 찾아서 가지 않으면 지나가도 모를 곳에 근사한 정원이 숨어있다. 길 이름, 번지수가 맞다면 주저하지 말고 계단을 따라 올라가면 눈 앞에 골목보다 더 큰 정원이 열린다. 연극 공연이나 다큐 상영을 하는 소극장인데, 공연도 공연이지만 극장 옆 정원에서 맥주 한잔 하러 사람들이 모여드는 곳.

Cafés El Magnifico

C/Argenteria 64 +34 933 193 975
www.cafeselmagnifico.com
월-토 10.00-20.00
-

이름대로 커피 맛이 정말 훌륭한 magnif-
ico 카페. 입구에는 까딸란 모더니즘 양
식이 그대로 남아있다. 안에는 커피 볶는
기계들이 공간을 다 차지하고 있고 앉을
데라고는 벤치 하나가 다인데, 사람들이
줄을 서서 커피를 사간다. 여름에 현지 커
피 전문점에서는 아이스 커피를 찾기가
어려운데, 이곳은 칵테일 쉐이커로 방금
내린 에스프레소와 얼음을 섞어 아이스
커피를 만들어준다. 포장도 예쁜 원두콩
도 각 산지별로 종류가 다양하다.

Hofmann Pastisseria

C/Flassaders 44 +34 932 688 221
www.hofmann-bcn.com/pasteleria
월-토 09.00-14.00, 15.30-20.00
일 09.00-14.00
-

호프만 요리학원과 연계되어 있는 제빵
가게. 케이크와 같은 디저트류의 빵이 다
양하고 실험적인 메뉴들도 많은데, 특히
티라미수에 들어가는 마스까르포네 치즈
를 넣은 크로와상은 저녁에 가면 없을 정
도로 인기가 많다.

El Xampanyet

C/Montcada 22 +34 933 197 003
화-토 12.00-15.30, 19.00-23.00
일 12.00-15.30

-

Bar 이름이기도 한 참파니엣*Xampanyet*
이라는 술이 마시다보면 여러 잔이 되는
곳. 늘 발디딜 틈 없이 사람이 많아 사람
들이 술잔과 접시를 손에 들고 골목에까
지 나와 먹는다. 비집고 들어가 대기 순서
에 이름을 넣고 기다릴 수 있다면, 오징어
에 야채를 토마토 소스에 볶은 산파이네
*Sanfaine*나 빨간 파프리카에 참치로 속을
채운 몬따디또 콘 삐미엔타*Montadito con
pimienta*, 몬따디또 콘 하몬*Montadido con
jamon*이 맛있다. 들어가볼 엄두가 나지 않
는다면 그저 참파니엣 한 잔이나 까바를
한 잔 마셔보는 것도 좋겠다. 참고로, 병으
로 사갈 수도 있다.

까바 Cava

까바*Cava*는 샴페인과 같은 전통적인 제조
방식을 따르는 스페인산 발포성 포도주
로 그 이름은 바르셀로나, 따라고나, 리오
하, 예리다 등을 포함하는 까바 지방*Región
del Cava*에서 유래하였는데, 이 지방에서
나는 스페인산 포도 품종 *Macabeo*,
Parellada, *Xarel·lo*으로 제조한
다. 효모를 이용한 발효 과정을 통해 거품
을 자연생성 시키는데에 정성이 많이 든
다고 하니, 까바를 가스를 주입해서 제조
하는 스파클링 와인과 같이 취급하면 까
바제조자들이 많이 섭섭할 일이다.

Pasteleria Bubo

C/les Caputxes 10 +34 932 687 224
bubo.es
월-목 10.00-21.00 금-토 10.00-23.00
일 10.00-22.00

-

요리사와 디자이너가 동업하여 창업한 초
콜릿, 케이크 가게로 정말 맛있기도 하지
만 초콜릿과 케이크 종류별로 하나하나
모양도, 포장 디자인도 참 예쁘다. 이벤트
케이터링 주문도 가능한데, 음식 프리젠
테이션이 또 예술이다.

보른 지구, 보른 거리 *Passeig del Born*

• 시우타데야 공원 *Parc de la Ciutadella* 과 바르셀로네따 Barceloneta

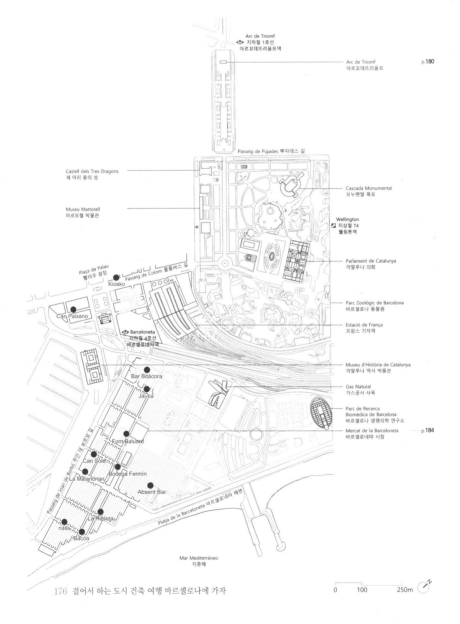

Arc de Triomf
🚇 지하철 1호선
아르꼬데뜨리옴프역

Arc de Triomf
아르꼬데뜨리옴프   p.180

Passeig de Pujades 뿌자데스 길

Castell dels Tres Dragons
세 마리 용의 성

Cascada Monumental
모누멘딸 폭포

Museu Martorell
마르또렐 박물관

Wellington
🚊 지상철 T4
웰링톤역

Parlament de Catalunya
까딸루냐 의회

Plaça de Palau
빨라우 광장
Passeig de Colom 콜롬버스 길
Kiosko

Parc Zoològic de Barcelona
바르셀로나 동물원

Can Paixano

Estació de França
프랑스 기차역

⭤ Barceloneta
지하철 4호선
바르셀로네따역

Museu d'Història de Catalunya
까딸루냐 역사 박물관

Gas Natural
가스공사 사옥

Bar Bitácora

Jai-ca

Parc de Recerca
Biomèdica de Barcelona
바르셀로나 생명의학 연구소

Mercat de la Barceloneta
바르셀로네따 시장   p.184

Forn Baluard

Can Solé

Bodega Fermín

La Malandrian

Absent Bar

Platja de la Barceloneta 바르셀로네따 해변

Passeig de Joan de Borbó 후안 데 보르보 길

La Reseta

nassa

Bacoa

Mar Mediterráneo
지중해

0   100   250m

시우타데야 공원 *Parc de la Ciutadella*

　18세기 유럽의 지형도를 바꾸어 놓은 왕위 계승 전쟁은 10여 개국이 참전하여 유럽뿐만 아니라 아메리카 대륙까지 전선을 확장해가며 14년간 이어진 전쟁이었다. 이 전쟁의 마지막 격전지가 된 바르셀로나는 4만의 군대와 140여 대의 대포로 포위된 상태로 14개월을 버티다 1714년 9월 11일 최종적으로 항복하여 전쟁에서 패배하게 된다. 스페인의 왕위권을 인정받아 즉위한 펠리페 5세^{Felipe V}는 마지막까지 저항했던 바르셀로나를 완전히 지배하기 위해 몬주익 성을 재건축하고, 항구 가까이에 성채^{La Ciudadela}를 건설해 군대를 주둔시켰는데, 이를 위해 1200여 채의 집이 파괴되고, 4500명의 사람들이 강제 이주되었다. 이후 19세기에는 나폴레옹 강점기와 페르난도 7세^{Fernando VII}의 압정 기간 동안 탄압의 상징으로 변화되어 역사적 아픔이 서려있는 곳이었다.

　도시를 둘러싸고 있던 중세 성벽들을 헐어낼 때도, 그리고 일데폰소 세르다^{Ildefonso Cerdá}가 시우타데야를 포함한 근대도시를 계획할 때에도 시우타데야 성벽을 걷어내는 계획은 실현되지 못하고 그 형태를 유지해오다가, 1868년 스페인에 민주주의와 의회군주제의 실현을 가지고 온 9월 혁명이 일어나자 그제야 전제군주제의 상징이었던 시우타데야 군대 시설을 헐어내게 된다. 바로 이 자리에는 시우타데야 공원^{Parc de la Ciutadella}이 건설되었고, 옛 공창은 현재 까딸루냐 지방 의회^{Parlamento de Cataluña}로 사용되고 있다.

　시우타데야 공원 계획은 1872년 바르셀로나 시 주도 하에 공모전을 통해 이루어졌는데, 아주 이래적으로 건축가 출신이 아닌 주셉 폰뜨세레 바호^{Josep Fontseré Bajo}의 계획안이 채택되었다. 그는 건설기술장이었는데 공원 내의 기념 폭포와 전시관 등의 시설물 뿐만 아니라 보른 시장과(바르셀로나의 아름다운 공간으로 자주 손에 꼽히는, 그리고 지금은 뽐뻬우 파브라 대학의 도서관으로 사용하고 있는) 수조 건물, 철도 위로 지나는 철구조 다리 등을 함께 고려해 공원 자체 뿐만 아니라 공원과 도시

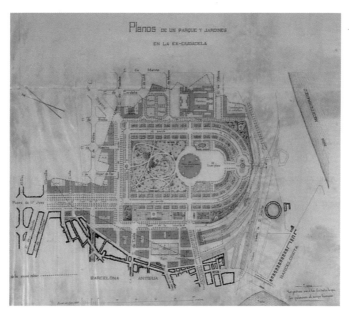

1872년 *Josep Fontserè* 시우타데야 공원 계획
공원뿐만 아니라 한쪽으로는 세르다의 근대도시, 다른 한쪽으로는 보른 지구의 중세도시 안에도 시설물을
계획하여 공원과 도시가 함께 작동하도록 하였다.

1873-1880년 Castelucho
*Josep Fontserè*의 공원 계획의 조감도, 항구와 철로, 구시가지에 솟아있는 성당들 그리고 멀리 몬주익
언덕과 꼴세롤라 언덕이 잘 묘사되어있다.

가 만나는 지점까지 계획하여, 공원이 세르다가 조직한 근대 도시 계획의 일부로 포함될 수 있게 한 점이 아주 인상적이다.

1873년 착공하여 1886년까지 공사기간이 늘어졌는데, 공사 자체도 가로세로 700미터가 넘는 대규모 공사이기도 했지만, 진행 중간에 있었던 정부의 교체, 그에 따른 예산 편성 문제, 토지 상속자들과의 분쟁 등 갖가지 사건들이 많았고, 일부에서는 공사를 전반적으로 진행하는 것이 아니라 부분적으로 진행하여 원래의 계획안을 수정하고자 하는 의도도 있었다고 알려져 있다. 아무래도 공모 당선자에 대한 질투가 많았을 것이다.

폰뜨세레의 계획안이 완전히 실현되기 전에 시우타데야 공원은 또 다른 전기를 맞이하게 된다. 바르셀로나 만국박람회Exposición Universal de Barcelona de 1888의 개최지로 선정된 것이다. 당초 계획안이 대폭 수정될 것이 분명했고 이에 폰뜨세레는 반발했지만 결국 1886년 공사 감독직에서 해임되었다. 이후 공원에는 22개국이 참여하는 대행사를 위한 시설물과 함께 도시적 인프라 구축이 대대적으로 이루어지게 된다. 만국박람회는 바르셀로나를 예술적, 건축적으로 크게 진보시킨 행사로 평가되는데, 말 그대로 당시로서는 가장 새롭고 가장 선진적인, 당대 최고의 건축가들이 계획한 건축물의 총집합이 바로 시우타데야 공원이었다. 주셉 빌라세까Josep Vilaseca가 설계한 신무데하르 양식의 "개선문Arc de Triomf", 지금은 동물학 뮤지엄으로 사용되는 루이스 도메니크Luis Domenich i Muntaner가 설계한 "세 마리 용의 성Castillo de Tres Dragones" 외에도 지금은 남아있지 않지만 많은 수의 근대적 건축물이 건설되었으며, 람블라스 거리 끝에 있는 콜롬버스 동상Monumento a Colón도 1888년 만국박람회와 함께 세워진 것이다.

공원에 가보자. 점심 먹으러 나온 사람들, 개 산책시키러 나온 사람들, 운동하러 나온 사람들, 연주 연습하러 나온 사람들, 책 읽으러 나온 사람들, 낮잠 자러 나온 사람들 사이로 어슬렁어슬렁 사람 구경, 나무 구경, 건물 구경을 하며 걷자. 공원이 참 넓다.

개선문, 아르꼬 데 뜨리운포
1888년 만국박람회 개최와 함께 건설된 것으로 전쟁과는 무관하다.

시우타데야 공원에서 마르께스 데 아르젠떼라길$^{Av. \ Del \ Marquès \ de \ l'Argentera}$로 나오면 왼편으로 보이는 커다란 건물이 바로 프랑스 기차역$^{Estació \ de \ França}$이다. 원래 이 자리에는 1854년에 바르셀로나와 그 외곽도시 그라놀엘스^{Granollers}를 연결하는 선로를 개통하여 그라놀엘스라 불리는 기차역이 건설되었는데 이후 1878년 프랑스와의 국경까지 선로가 연장되면서부터는 프랑스 역으로 불리기 시작했다. 현재의 프랑스 역 건물은 1929년 바르셀로나 만국박람회 개최와 함께 새로 건설된 것이다. 홀도 멋지지만 승강장 안으로 걸어들어가면 20세기 초의 철골 구조가 아름다우니 잠시 들려보자.

http://lostfoundmarket.com/bcn

어떤 주말에는 역의 홀에 중고시장$^{Lost \ \& \ Found}$이 열리기도 하는데, 빈티지한 소품들로 가득한 매대와 구경나온 사람들로 가득한 홀 뒤로 여행가방을 든 사람들이 승강장 주변을 어슬렁거리고 곧 이들을 싣고 기차가 떠나는 풍경이 멋지다.

▌바르셀로네따Barceloneta

보른 지구 남쪽으로 해안선 가까이에 섬La isla de Maians이 하나 있어, 그 섬과 해안 사이를 매립하여 얻은 땅에 항구가 있었다. 당시에는 듬성듬성 어부들이 모여 살고 뱃사람들과 항구 노동자들이 오가는, 도시의 일상과는 동떨어진 곳이었다. 바르셀 로네따가 본격적인 주거지가 된 것은 1714년 시우타데야La Ciutadella를 건설하면서 보른 지구에서 강제 이주시킨 주민들을 정착시킬 땅이 필요했기 때문이었다. 1719년에 이미 주거지 건설 계획이 시작되었지만, 실제로는 1753년에야 그곳에 있던 어부들의 집을 철거하고 8.5미터 간격의 주거가 들어가는 계획 도시 건설 공사가 시작됐다. 이 계획 도시에 어부들이 재정착하고, 강제 이주 당했던 사람들과 노동자들이 모여들기 시작하면서 도시 밀도가 올라가고, 자연스럽게 그들만의 문화가 형성되기 시작하였다.

바르셀로나네따의 집들은 대부분 면적도 문도 창문도 작다. 8.5미터 간격을 절반으로 나눠 양쪽 도로로 각각 입구가 난 집이 두 채 들어간 경우는 한 집의 폭이 5미터도 안되는 셈이다. 당연히 건물 안쪽으로는 중정이 들어갈 면적도 없다. 채광과 환기를 할 수 있는 곳은 도로로 난 발코니 밖에 없어 길에서 보면 집집마다 발코니로 빨래들이 매달려 있는 것이 바르셀로네따 특유의 거주 풍경을 만들어낸다. 도로 폭도 좁아 발코니에서 보면 맞은편 집에 사는 이웃의 얼굴이 보일 정도다.

노동자들의 소박한 주거지였던 이곳에도 90년대 이후로는 해변에 면해있는 입지 조건 때문에 외국인 관광객을 상대로 하는 숙박시설로 바뀌는 집이 늘어나기 시작했다. 수요가 많으니 임대비가 올라가게 되고, 거주하던 사람들이 임대비 부담을 겪게 되는 젠트리피케이션 현상이 시작됐다. 바르셀로네따의 거리를 걷다 보면 집집마다 널려있는 빨래와 함께 하늘색과 노란색 바탕에 마을이 건설된 연도인 1953와 함께 등대, 선박, 그리고 바르셀로나 시의 문양이 들어간 깃발이 걸려있는 것을 볼 수 있는데, 이는 주민들이 관광객들을 상대로 하는 투기에 강력하게 반대하며, 국적이나 인종에 상관없이 자가든 임대든 바르셀로네따에 '거주'하는 주민이라면 거주권을 주장하고, 마을의 정체성을 드러내기 위해 걸기 시작한 것이다.

생활의 에너지가 느껴지는 골목들로 걷자. 삼각형 땅에 자리잡은 마을이라 어느 방향으로 걷든 걷다보면 길 끝에 지중해가 펼쳐진다.

먹을 곳
마실 곳
쇼핑할 곳 ⌐

Mercado de Barceloneta

Plaça de Font 1-2 +34 932 216 471
www.mercatdelabarceloneta.com
월-목 07.00-14.00 금 07.00-20.00
토 07.00-15.00

-

바르셀로네따 재래시장은 노천에 모여 생
선과 해산물을 팔던 것이 기원이 되었는
데, 바르셀로나 근대 도시계획 공모의 당
선자이기도 했던 건축가 안토니 로비라
이 뜨리아스 *Antoni Rovira i Trias* 가 1884년,
시장 건물을 설계하였다. 이후 2007년 건
축가 엔릭 미라예스의 오랜 조력자로 알
려져있는 건축가 주셉 미아스 *Josep Miàs* 가
시장의 개축 계획을 맡아 건물을 확장한
것이 지금의 모습이다. 원래의 구조를 그
대도 살리면서도 기존 건물의 조형에 전
혀 구애받지 않은 듯 자유로운 조형의 지
붕이 매우 인상적인데, 도면으로 보면 지
붕의 단면이 물고기 모양이다.

La Bombeta

C/Maquinista 3 +34 933 199 445
www.facebook.com/pages/
La-Bombeta/118622454870779
목-화 10.00-00.00

-

봄베따 *Bombeta* 라는 이름은 감자 속을 고
기로 채운 봄바 Bomba(폭탄)라는 타파
스에서 따온 것인데, 알고 찾아오는 사람
들은 제일 먼저 시키는 메뉴기도 하다. 외
에도 새우 *gambas*, 오징어 *calamares*, 문어
pulpo, 바지락 *almejas* 구이 *a la plancha*, 홍합
mejillones 찜 *al vapor*, 작은 생선 튀김 *pescadi-
tos*, 꼴뚜기 튀김 *chipirones* 등 신선한 해산
물을 간단히 조리한 타파스 메뉴가 매우
다양하고 맛있다. 다만, 로컬 단골이 많은
오래된 가게가 점점 관광객들 사이에서도
알려지면서 늘 사람이 많고, 오래 기다려
테이블에 앉아도 웨이터들의 친절함이나
영어 대화는 기대하기 힘들다.

Forn Baluard

C/Baluard 38 +34 932 211 208
https://www.facebook.com/pages/
Forn-Baluard/180229922002561
월-토 08.00-21.00

-

바르셀로나에서 식사용 빵이 가장 맛있는 빵집이라고 소개하고 싶다. 100% 유기농 밀을 쓴다고 하고 겉으로 보기에는 특별할 것이 전혀 없는데 버터나 잼, 올리브유, 발사믹, 그 어떤 것도 더할 필요 없이 빵만 먹어도 맛있다. 빵 꼰 또마떼*Pan con tomate*로 먹거나, 하몬, 치즈, 샐러드 등을 올려서 먹기에는 빤데 빠제스*Pa de pagès* (직역하면 농부의 빵)도 좋고, 곡물빵*Pa de cereals*도 맛있다. 정말 아무것도 없이 빵만 먹고 싶다면 건과일빵*Pa de fruits secs*을 강력 추천하겠다.

Nass restaurant

C/Judici 5 +34 931 193 724
www.facebook.com/nassrestaurant
월-일 08.00-00.00

-

오픈 키친에 깨끗하고 모던한 식당. 참치, 대구, 연어 등 생선 요리 메뉴가 다양하고, 그중에서도 걸쭉한 해산물 스프에 쌀이 들어간 요리*arroz caldoso*가 인기있다. 주중 점심시간이면 오늘의 메뉴*Menú del día*가 있어 경제적인 가격에 식사를 즐길 수도 있다.

Bodega Fermín

C/Sant Carles 18 +34 607 650 411
www.facebook.com/bodegafermin
수-월 10.00-00.00

-

단골 많은 동네 술집. 공간도 작고 소박하지만 따뜻한 인테리어에 간단하게 차려나오는 타파스도 맛있고, 8가지 수제 맥주, 베르무트, 다양한 종류의 와인, 유기농 까바, 제작자의 이름으로 소량 생산하는 까바, 칵테일 등 술 종류도 매우 다양하다.

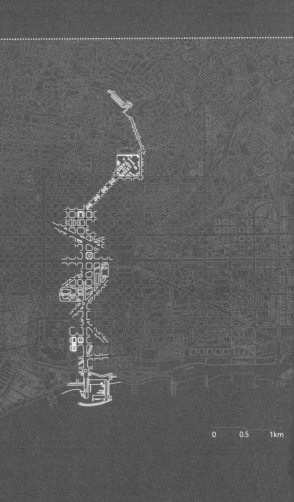

0   0.5   1km

걷기 2.

기나르도 공원 *Parc del Guinardo*
에서
올림픽 항구 *Port Olimpic* 까지

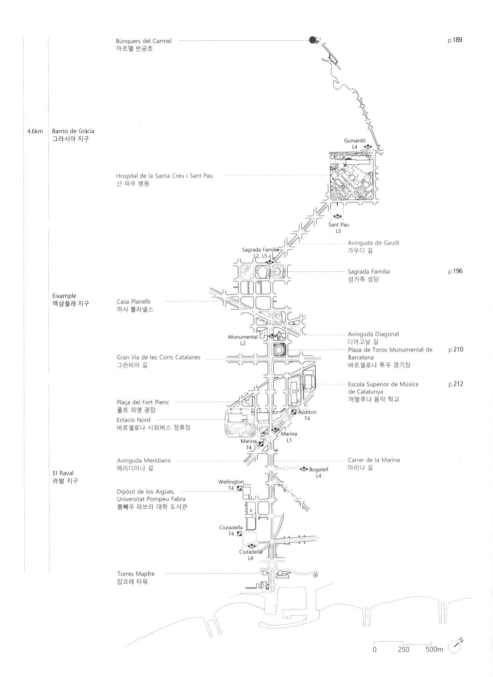

✚걷기 2
기나르도 공원 *Parc del Guinardo* 에서
올림픽 항구 *Port Olimpic* 까지
[주름. 5]

❘까르멜 방공호 *Búnquers del Carmel*

지하철 3호선 Penitents 역에 내려 119번 버스를 타고 까르멜 방공호를 찾아가자. 스페인 내전 당시 자유진영의 중심이었던 바르셀로나는 계획적이고 고의적으로, 군대뿐만 아니라 민간인을 향한 지속적인 폭격을 당했다. 2년간 바르셀로나 한 도시에 가해진 폭격만 200회에 달했다고 하는데, 이런 이유에서 1937년 로비라 언덕 *Turó de la Rovira* 에 대공포 포격시설과 함께 방공호가 설치된 것이다. 전쟁이 끝난 후에는 방공호 주변으로 480여 개의 판자촌이 운집해 있었다고 한다. 이후, 바르셀로나 올림픽을 준비할 때 판자촌은 모두 철거되었지만, 남아 있는 방공호 시설의 흔적은 문화재로 지정되어 관리되고 있다.

옛 전쟁시설의 폐허 위에 올라서서 바라보는 하늘과 바다 그리고 그 아래로 펼쳐져 있는 도시의 전경이 눈부시게 아름다운데, 이곳이 생존의 공간이었을 때는 같은 하늘, 같은 바다를 배경으로 군용기가 폭탄을 투하하고 도시 곳곳에서 연기가 치솟았을 것을 상상하면 마음 한 켠에 이상한 감정이 뭉클하게 솟는다.

Parc del Fórum
포룸 공원

Poblenou
뽀블레노우 지구

Torre Agbar
악바르 타워

Carrer de Castill
까스띠예호 길

stillejos
길

Hotel Arts
호텔 알츠

Sagrada Familia
성가족 성당

La catedral
de Barcelona
대성당

Castillo de Montjuïc
몬주익 성

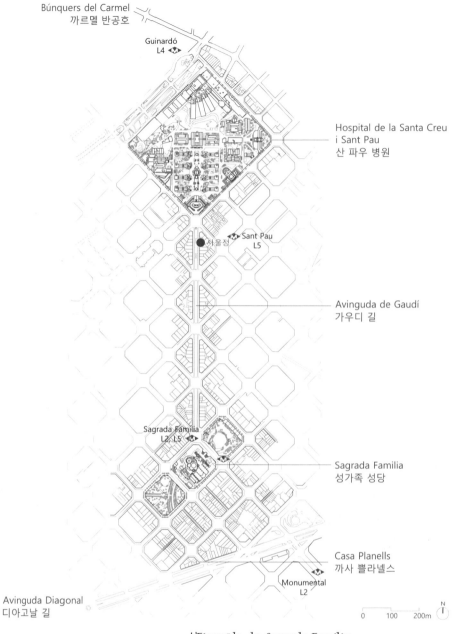

Búnquers del Carmel
까르멜 반공호

Guinardó
L4

Hospital de la Santa Creu
i Sant Pau
산 파우 병원

Sant Pau
L5

서울정

Avinguda de Gaudí
가우디 길

Sagrada Família
L2, L5

Sagrada Familia
성가족 성당

Casa Planells
까사 쁠라넬스

Avinguda Diagonal
디아고날 길

Monumental
L2

0   100   200m

N

L'Eixample - la Sagrada Familia
엑샴쁠러 지구 – 드레따 데 엑샴쁠러

산 파우 병원

Hospital de la Santa Creu i Sant Pau 1902-1930 [주름. 5]

까르멜 방공호에서 2-30분 가량을 걸어내려오면 산 파우 병원 부지의 한 모퉁이로 도착하게 된다. 대중교통 수단은 없다. 입구까지가 또 한참인데, 산 파우 병원은 바르셀로나 근대도시 *Eixample* 의 113m x 113m짜리 블록 아홉 개를 합한 면적에 총 27개 동의 건물이 건설된, 근대에 건설된 것으로는 전세계 최대 규모의 건축물이다. 산 파우 병원은 14세기 중반 흑사병이 바르셀로나를 휩쓴 후 옛 시청자리에 처음 설립되었고, 이후 1401년 라발 지구에 병원 건물을 건설하여 자리를 옮긴 것을 지금은 까딸루냐 도서관으로 사용하고 있는 건물이다. 병원 시설을 여러 차례 증축 하였지만 지속적인 인구 증가로 계속해서 시설이 부족하였는데, 1896년 백만장자 은행

가 파우 질Pau Gil이 사망하면서 막대한 재산을 가난한 시민들이 이용할 수 있는 병원 건립을 위한 자금으로 기부해 다섯 세기만에 대규모의 새 건물을 건설하게 된 것이다. 까딸란 모더니즘의 거장 루이스 도메네크 이 문따네르Lluís Domènech i Montaner가 맡아 설계한 이 근대 건축물은 1997년 유네스코 세계문화유산으로 등재되었는데, 2009년에는 새로 신축한 건물로 병원은 이전하고, 원래 병원 건물은 복원 공사를 거쳐 문화 공간으로 사용하고 있다. 각각의 건물마다 문따네르 특유의 장식이 화려한데, 문따네르는 이 어마어마한 건물군의 완공을 결국 보지 못했다. 문따네르 사후에는 그의 아들이 이어서 진행하여 28년만에 완성되었다고 한다.

병원이라기 보다 옛 귀족의 대저택들을 모아놓은 듯한 건물군들을 둘러보고 정문을 향해 마지막 건물 앞에 서면 커다란 아치 속에 성가족 성당의 모습이 나타난다. 성가족 성당보다 산 파우 병원이 고도가 더 높은 곳에 위치해 있어서 성당에서는 병원이 보이지 않지만 병원에서는 병원 정문에서부터 성가족 성당까지 직선으로 열려 있는 길 끝에 성당이 온전하게 보이는 것이다. 투병하는 환자들과 그의 가족들은 멀리 성당을 보며 신에게 병의 회복을 기도하며 마음의 안식을 찾곤 하였을 것이다. 정문에서부터 113 x 113미터의 근대 도시의 블럭을 대각선으로 뚫고 지나가는 이 산책로를 따라 걸어 내려가면 눈앞에 성가족 성당이 점점 커지며 조금씩 그 규모를 실감하게 하는데, 그 길 이름이 바로 바로 가우디 길Avenida de Gaudí이다.

병의 종류와 환자의 성별에 따라 병동이 모두 나누어져 있고 그들 중 일부는 지하로 연결통로가 있는 곳들도 있는데, 그것은 각 병동간 질병의 전염을 막기 위해 동선을 치밀하게 조직해 놓은 결과물이다.

성가족 성당Sagrada Familia [주름. 5]

사후에야 천재로 칭송받는 건축가가 그가 가진 모든 것을 바쳐 설계한 작품, 100년이 넘도록 여전히 공사 중인 건물, 완성된다면 유럽에서 가장 높은 성당이 될 건물 등. 수많은 수식어와 독특한 이야기로 전세계 사람들을 바르셀로나로 불러들이고 있는 성가족 성당은 처음부터 가우디에게 의뢰된 것은 아니었다. 1882년 3월 19일 산 호세의 날Día de Sant José(성 요셉, 성모 마리아의 남편이자 예수 그리스도를 키운 아버지), 교구 건축가였던 비야르Francisco de Paula del Villar y Lozano의 설계, 감독 하에 네오 고딕 양식의 지하 예배당이 착공됐는데, 1년 반만에 설계 고문과의 갈등으로 비야르가 일을 그만두게 되면서 31세의 신인 건축가 가우디가 그의 인생의 마지막 순간까지 43년간의 시간은 쏟아붓게 될 성가족 성당의 설계를 맡게 된 것이다.

단면도

십자가를 머리에 올리고 있는 가장 높은 탑이 예수, 그 양쪽으로 천사가 앉아있는 탑이 네 명의 복음 전도
자, 그 왼쪽의 탑이 성모, 오른쪽 정면(남쪽 영광의 파사드) 위로 솟은 탑이 열두 제자를 각각 상징한다.

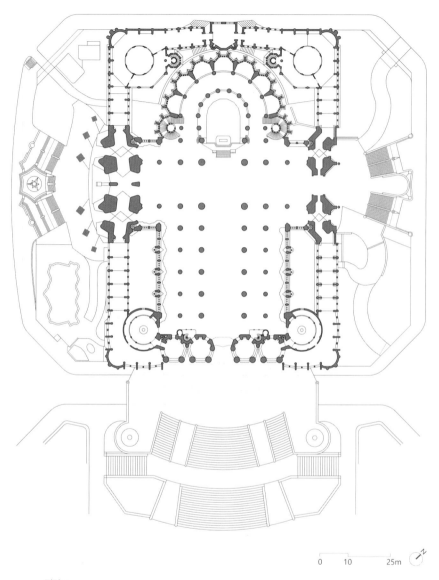

0   10   25m

평면도
평면은 머리가 둥근 십자가 형태로 생겼는데, 남쪽에 영광의 파사드, 동쪽에 탄생의 파사드, 서쪽에 수난의
파사드가 위치하며, 십자가가 교차되는 중심에 예수를 상징하는 탑이, 머리가 되는 부분에 성모를 상징하는
탑이 배치되어 있다.

종탑에서 내려다 보이는 113 x 113미터 블록이 반듯한 바르셀로나 근대 도시 엑샴쁠러와 그 위로 드리워진 성가족 성당의 거대한 그림자.

성당 이름의 성스러운 Sagrada 가족 Familia은 요셉(호세)José, 마리아María, 예수(헤수스)Jesus 세 사람을 의미하는 것으로, 성당 전체가 세 사람의 생애와 성경에 대한 상징으로 가득하다.

성당은 113m x 113m의 근대도시 블록 하나를 통째로 차지하고 있는데, 블록의 동쪽, 아침 햇살을 받는 입면에는 "예수의 탄생"을 주제로 중앙 위에서부터 천사 가브리엘에게 수태고지를 받는 마리아의 모습, 마굿간에서 태어난 아기 예수를 돌보는 요셉과 마리아, 예수의 탄생을 찾아와 황금와 유향, 몰약을 바치고 있는 동방박사 세 사람과 경배하는 목동들의 모습, 찬양하는 천사들의 모습이 화려하게 조각되어 있다. 그리고 왼쪽으로 기둥 하나 건너가면 로마 군대의 유아 학살 장면과 함께 예루살렘을 떠나는 세 가족의 모습이, 오른쪽 기둥 옆으로는 제사장들과 토론하고, 아버지 요셉을 도와 목수일을 하면서 성장해가는 예수의 유년기와 청년기 모습이 묘사되어 있다. 고개를 들어 올려다 보면 세 가족 중 마지막으로 하늘에 올라간 마리아의 대관식 장면이 조각되어 있으며 그 위로 네 개의 종탑이 하늘을 찌른다. 이 종탑은 동쪽 입면에 네 개, 서쪽 네 개, 남쪽 네 개, 총 12개로 예수의 열 두 제자를 상징한다. 12개의 종탑을 포함해 총 18개의 탑이 계획되었는데, 십자가 모양이 평면의 한 중간에 위치하며 완성되면 그 높이가 172.5미터에 달하게 될, 도시를 비추는 거대한 등대 같은 역할을 하게 될 탑이 예수를 상징한다. 그 주변으로 뽀족하게 솟을 네 개의

열두 제자를 상징하는 종탑 사이로 사이프러스 나무와 비둘기들, 그 아래로 성모의 대관식, 또 그 아래로 수태고지 장면 등 입면 자체가 하나의 거대한 조각이다.

탑이 복음서를 쓴 네 사람 마태, 요한, 누가, 마가를, 십자가 모양의 평면의 머리 부분에 위치하면서 자연광을 끌어들여 제단을 비추는 탑이 성모 마리아를 상징한다. 또 내부에서 보면 십자가 모양의 양 날개인 동쪽 입면에 요셉의 조각이, 서쪽 입면에 마리아의 조각이 세워져 있고, 정면으로 십자가에 못박힌 예수가 매달려 있어 다시 한 번 성스러운 세 가족을 상징한다.

탄생의 파사드$^{\text{Fachada del Nacimiento}}$는 가우디가 생전에 공사한 유일한 입면인데, 네 개의 종탑 중 하나가 겨우 완성되었을 때 전차 사고로 사망하게 된다. 가우디 사후에

성모를 상징하는 타워에서 쏟아져 들어오는 자연광. 그 빛이 향하는 곳이 바로 그 아래 십자가에 매달린 예수상이다.

도 긴 공사 기간만큼이나 많은 사건들이 있었는데, 그의 사후 내전 기간 동안 있었던 화재로 많은 자료들이 소실되었고, 지금은 화재 이후 남은 스케치와 석고 모형의 파편들을 복원한 것을 토대로 공사를 이어가고 있다. 43년에 걸쳐 설계를 발전시키면서 가우디가 얼마나 집요하게 새로운 구조적 해법을 찾아 매달렸는지, 또 같은 구조 안에서 얼마나 다양한 조형을 시도했는지 그 과정이 여러 설계안의 석고 모형들에 고스란히 드러난다. 고딕양식의 이중 아치가 불완전하다고 여긴 가우디는 비야르가 계획한 네오 고딕에 쌍곡 포물면$^{\text{paraboloide hiperbólico}}$, 나선 곡면^{helicoide}, 원뿔 곡선체^{conoide} 등의 기하학을 적용해 구조를 발전시키면서 양식을 바꿔갔다. 그 결과 나무 가지가 뻗어 나간 듯한 형태의 기둥들로 거대한 나무 숲에 들어온 듯한 내부 공간을 만들어내면서 건물 네 면 모두에 더욱 넓은 면적의 창을 뚫을 수 있게 되었다. 그러니 어느 시간에든 해가 떠있는 동안에는 스테인드 글라스를 통해 들어오는 자연광으로 건물 내부가 온통 채색이 된듯 물드는 공간으로 완성할 수 있게 된 것이다. 아침 해가 들 시간이면 동쪽 입면의 스테인드 글라스 색인 녹색과 푸른빛으로 벽면과 기둥, 바닥까지 물들고, 지는 해가 들 시간이면 노랗고 붉은빛으로 물든다.

1 유기적이고 비정형적으로 보이지만 사실은 같은 구조 시스템이 형태에 따라 적응할 뿐 반복되며 만들어낸 공간이다.

2 예수와 네 명의 복음 전도자를 상징하는 탑들은 네 개의 큰 기둥으로 지지되는데 이 기둥들에는 또 네 명의 복음 전도자의 상징물(천사, 황소, 사자, 독수리)이 박혀있다.

이 거대한 건물에 육중함은 전혀 느껴지지 않는다. 그저 하늘을 향해 곧게 뻗은 나무들이 무성하고, 하늘을 덮고 있는 나뭇잎들 사이로 빛이 새어 들어오는 듯하여, 기둥이 지붕을 버티고 있는게 아니라 땅에서 자라난 것만 같은 인상마저 주는 것이다.

색색의 스테인드글라스를 통해 쏟아져 들어오는 빛이 내부를 온통 물들여 놓는다. 색으로 빛의 존재를 보고 느끼게 되는 것이 정말 환상적이다.

"예수의 수난"을 주제로 최후의 만찬에서부터 부활까지 조각가 주셉 마리아 수비락스가 계획한 서쪽 입면과 가우디 초상 조각

가우디가 "예수의 수난"을 주제로 계획했지만, 그 상세한 모습을 복원할 수 없었던 서쪽 입면Fachada de la Pasión은 후대의 건축가 수비락스Josep Maria Subirachs가 조각을 추상적인 형태로 새로 계획하였다. S자 모양으로 성경의 내용을 묘사하고 있는데, 입면의 왼편 아래에서부터 최후의 만찬, 유다의 배신, 베드로의 부인, 빌라도의 판결, 십자가를 대신 지고 가는 시몬, 십자가를 메고 가는 예수, 가시관 때문에 피범벅이 된 예수의 얼굴을 닦아준 베로니카, 십자가에 메달린 예수의 옆구리를 찌른 롱기누스의 창, 예수의 옷을 갖기 위해 내기를 하는 로마 병사들, 십자가에 못 박힌 예수 그리고 십자가에서 내려진 예수의 시신으로 순서대로 이어진다. 여러 조각들 사이에 장면과 상관없이 서있는 조각이 하나 있는데-베로니카 옆에 두 손을 모으로 서있는 남자- 수비락스가 오마주로 조각해 넣은 가우디의 초상이다. 마지막으로 종탑을 향해 올려다 보면 부활한 예수가 저 높이에 앉아 우리를 내려다 보고 있는 모습이 보인다.

가우디는 공사를 진행하면서도 끊임없이 설계를 발전시켜 나갔는데, 그가 만든 석고모형을 복원한 것들 중 창만 봐도 구조는 그대로 둔 채(창이 뚫린 위치가 같음) 완전히 다른 조형으로 발전시키고, 또 이후에는 과감하게 구조를 발전시키기도 했음을 알 수 있다. 가우디가 더 오래 살았더라면 지금보다 더 진화한 형태의 성당이 나왔을 지도 모를 일이다.

서쪽 입면의 오른편으로 시선을 옮기면 벽면와 지붕이 온통 물결치는 작은 건물이 하나 나타나는데, 가우디가 성당 건설에 참여했던 노동자들의 자녀들을 교육하기 위해 설계하여 학교로 사용했던 건물을 복원해 놓은 것이다. 아이들이 사용할 건물을 구불구불 재미있게 계획한 것이 귀엽게 느껴지는데 사실은 그 형태 자체가 아주 명쾌한 구조적 해법이다. 건물의 벽체는 얇은 벽돌을 세로로 세운 것을 두겹으로 이어 붙인 종이면 같은 구조벽인데, 종이 한 장을 그냥 세우려고 하면 서지 않지만 세로로 접으면 스스로 설 뿐만 아니라 위에서 누르는 힘, 옆에서 미는 힘에 대해서도 훨씬 높은 저항력이 생기는 것과 같은 원리다. 게다가 물결치는 지붕은 지붕의 하중을 간격에 따라 분산시킬 뿐만 아니라 그 모양 그대로 지붕 배수 계획이기도 하다. 작은 건물이지만 형태와 구조를 일치시켜 하나의 재료로 아주 단순한 시공을 가능하게 한 것으로 그의 천재성이 유감없이 드러나는 작품이다.

마지막으로, 남쪽, 원래는 가우디가 건너편 블럭에서부터 계단을 통해 상부로 진입하는 성당의 정문이자 가장 상징적인 입면이 될, "영광의 파사드Fachada de la Gloria"로 계획한 부분은 공사가 진척되지 못한 상태로 남아있다. 가우디는 성당을 계획하면서 성당 주변의 다섯 개 블럭을 성당의 외부 공간으로 함께 계획하여 170m가 넘은 높이에, 117m x 82.5m 폭의 거대한 성당의 각각의 정면과 모서리를 온전히 볼 수 있는 거리를 확보하고자 하였는데, 실현되지 못하고 현재에는 성당의 동편과 서편의 블럭 두 개만이 공원으로 남아있고 나머지는 모두 다른 건물이 건축된 상태이다. 때문에 남쪽 진입부를 원래 계획대로 실현하고자 하면 남쪽 블럭에 이미 건설되어 있는 아파트 건물들을 대부분 헐어내야 하기 때문에 현재 아파트에 살고 있는 사람들의 거주권과 보상 관계 등의 문제를 해결하기가 쉽지 않은 상태이다.

만약 계획안 대로 공사가 된다면, 인류의 기원인 아담과 이브에서부터, 노아의 방주, 최후의 심판, 지옥에 대한 묘사와 함께 16개의 거대한 깔대기 모양의 등불 위로 사도신경의 글귀가 새겨져 내려와 마지막 단어 "아멘^{Amen}"이 각국의 언어로 주기도문이 새겨진 청동문 위에 위치하게 될 것이다. 서쪽 입면으로 나와 경사로를 따라 지하로 들어가면 성당의 공사연표, 사진, 도면, 복원한 모형들, 구조의 기하학 등에 대한 전시가 잔뜩 있다. 전시도 굉장하지만 그중에 지하예배당으로 뚫린 창을 찾아 내려다보자. 꽃이 올려진 석판 아래 신의 건축가, 가우디가 잠들어 있다.

성당을 나서면 성당 동편에 있는 공원*plaça de Gaudi* 안의 호수를 돌아 반대편으로 가보자. 수면에 비친 반전된 성당의 모습이 환상적이다.

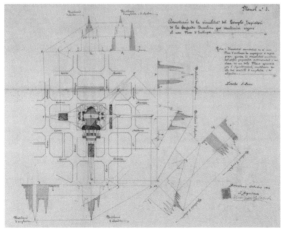

성가족 성당뿐만 아니라 주변 블록들을 같이 계획하며 각 지점에서의 성당을 향한 가시각, 그러니까 성당의 입면이 어디까지 보이고 어디까지 가려지는 지까지도 고려하고 계획한 도면.

| 까사 쁠라넬스 Casa Planells 1923-1924 [주름. 5]

성가족 성당에서 시실리아 길 *Carrer de Sicilia* 을 따라 두 블럭 남쪽으로 걸어 내려오면 디아고날 길 *Av. Diagonal* 과 만나는 삼각형 블럭의 모퉁이를 곡선으로 해결한, 예사롭지 않은 건물이 하나 나타난다. 가우디의 조력자로 알려져 있는 주졸 *Josep Maria Jujol i Gibert* 이 설계한 까사 쁠라넬스 *Casa Planells* 이다. 80제곱미터 밖에 안 되는 작은 필지에 이웃과 붙은 안쪽 모서리에는 나선형 계단을 넣고, 바깥 쪽 도로를 향한 두 면은 발코니로 계획하여 완전히 열릴 수 있도록 한 것이 모서리에 위치한 조건은 극대화하면서 면적이 작은 점을 해결한 것으로 공간 배치가 탁월하다. 특히, 3층은 가로로 연속해서 창이 있는 띠창으로 계획되어 근대 건축의 요소를 제대로 보여주고 있는데, 내부에서 보면 300°로 전망이 완전히 열려있어 동, 남향의 자연광을 충분히 받는 밝은 공간이 근사하다. 모서리가 둥근 문과 창, 그리고 철을 솜씨 좋게 다루어 만든 격자창과 난간 디자인은 가우디를 떠올리게 하기도 한다.

주졸 *Josep Maria Jujol i Gibert* 과 가우디 *Antoni Gaudí*

주졸은 1879년에 태어났다. 가우디와는 27살 차이로 가우디의 도제이자 협력자이자 동료였고, 독립적으로도 활동했던 실력있는 건축가이다. 그러나 건축가로서 그 역량이 정점이었던 작품들이 건설된지 7,80년이 되도록, 그러니까 그의 사후에도 40년 가까이 1인자의 그늘에 가려 아무런 조명을 받지 못한 비운의 2인자라고 소개하고 싶다. 주졸이 바르셀로나 건축대학에서 공부를 할 당시에는 학장이었던 루이스 도메네크 이 문따네르의 전통적이고 학구적인 건축 교육과 가우디의 직관적이고 실험적인 교육 방식이 두 개의 큰 흐름으로 대별되던 상황이었다. 주졸은 1906년부터 가우디의 작업에 참여하게 되는데, 까사 바뜨요의 화려한 입면, 구엘 공원의 벤치 타일과 돔 구조의 천장 마감과 장식, 까사 밀라의 발코니 난간 디테일과 내부 장식 등 가우디의 작품 중에서도 회화적 감각이 돋보이는 장식들은 주졸의 작업이었던 것으로 알려져 있다. 당시의 건축 작업은 건축가가 건물의 설계부터 내부 디자인, 그리고 공사까지 감독하며 여러 사람의 협업과 보조로 이루어지는 집단적인 활동이었다. 가우디 또한 젊은 시절에는 여러 건축가 밑에서 도면공으로, 보조 건축가로 일을 많이 했다고 한다. 신인 건축가의 이러한 작업이 항상 보조적인 역할에만 그치는 것은 아니었고, 도제 관계이자 협력 관계로 서로 발전을 이루는 경우도 많이 있었다. 가우디는 이 젊은 건축가의 재능을 더욱 북돋우면서 그의 독립적인 활동도 적극적으로 장려했다고 하는데, 많은 역사 학자들은 가우디의 천재성과 업적을 부각하면서 주졸을 가우디의 추종자 혹은 수습생 정도로 이해하여 주졸이 기여한 부분을 축소 해석 하는 경우가 많다. 한편, 시대적으로도 주졸의 세대가 활동했던 때에는 이미 산업화의 진행으로 공예의 역할이 축소되고 보편적 근대 건축의 시대를 맞이하여 까딸란 모더니즘의 전성기는 끝나가고 있었으니 여러가지로 안타깝게 되었다.

▌모누멘딸 투우 경기장 *Plaça de torros de la Monumental*

디아고날 길을 따라 내려가다 마리나 길*Carrer de la Marina*을 찾아 바다를 향해 걷자. 그 길 위에 있는 모누멜딸 투우 경기장은 1914년에 개관하여 바르셀로나에 건설된 세 개의 투우 경기장 중 가장 나중에 건설되었지만, 마드리드, 세비야 투우 경기장과 함께 스페인의 가장 유명한 투우 경기장 중 하나이다. 무데하르 양식과 비잔틴 양식의 독특한 외관에다 19,582명을 수용할 수 있는 규모도 대단하지만, 1965년에 있었던 비틀즈의 공연으로 더욱 알려졌다. 당시 투우사의 모자를 쓰고 비행기에서 내리는 네 사람의 모습과 투우사의 의상을 입고 있는 모습을 찍은 사진들이 유명하다. 그런데, 한 도시 안에 투우 경기장이 세 개나 지어졌을 정도로 성행했던 투우 경기는 2011년을 마지막으로 까딸루냐 전체에서 중단되었다. 2010년 까딸루냐 의회가 투우 경기를 동물 학대로 고발한 동물 애호가들의 손을 들어주어 투우 경기를 금지시켰기 때문이다. 80년대 말, 이미 그 잔인함 때문에 14세 이하의 어린이는 투우 경기 관람을 금지시켰는데, 2010년에 와서는 가축 및 애완동물 보호법을 확대하여 투우 경기 자체를 금지시킨 것이다. 이후 투우 경기장은 콘서트나 스포츠, 서커스 공연장으로 이용되어 왔다. 그런데 2016년 10월 21일, 헌법 재판소에서 까딸루냐 의

회가 투우 경기를 금지시킨 것은 스페인의 문화 유산 보존을 훼손하는 것이라며 법률을 철회했다는 소식도 있다.

투우 경기 Corrida de toros

화려한 복장의 투우사가 붉은 천과 검을 쥐고 성난 황소의 공격을 여유롭게 따돌리고, 원형의 경기장 위의 관중들이 열광하는 장면은 플라멩꼬와 함께 정열의 나라 스페인의 상징이 되었다. 한정된 공간 안에서 목숨을 걸고 이루어지는 인간과 황소의 결투, 500kg이 넘는 거구를 몰아 달려드는 검은 황소 앞에서도 흔들리지 않는 투우사의 집중력, 흔들리는 붉은 천 앞에서 투우사를 들이받을 기세로 날뛰는 황소의 역동적인 움직임, 그런 황소를 간발의 차이로 비껴서는 투우사의 날렵함, 뜨거운 숨을 내쉬며 마지막 순간까지 사투를 벌이는 황소의 강인한 생명력이 투우 경기가 고조될수록 극도의 긴장감을 만들어내며 관람객들을 흥분의 도가니로 몰아간다. 이런 극적인 장면들은 여러 시대를 거쳐 고야^{Francisco de Goya 1746-1828}, 마네^{Édouard Manet 1832-1883}, 피카소^{Pablo Picasso 1881-1973} 등 많은 예술가들의 작품 소재가 되기도 하였는데, 역동적인 움직이나 투우사의 용맹함이 그려진 작품들도 있지만 죽음, 야수성, 잔인함, 난폭함을 묘사하는 작품들도 많았다. 실제 투우 경기 중에는 피를 분수처럼 뿜는 황소의 모습, 의식을 잃기 직전에 몸부림치는 모습, 화려하던 의복이 찢긴 채 그 사이로 피 흘리는 투우사의 모습, 황소 뿔에 찔리고 밟혀 나뒹구는 모습 등 자극적이고 잔혹한 장면들도 많다. 담력과 용맹함이 중요했던 시대에는 거대한 상대를 맞아 승리를 쟁취하는 투우사가 영웅과 같이 묘사되었을 것이다. 그러나 '동물학대' 논란이 대단한 오늘날에는 미리 부상을 입힌 대상과 치루는 예정된 승리자의 비겁한 결투이자 살기 위해 두려움에 날뛰는 동물의 학대극으로 여기는 시선이 많아지고 있는 것이다. '전통'이냐 '동물학대'냐에 대한 논란은 법적 공방에 정치적 공방까지 더해 앞으로도 계속될 모양이다.

바르셀로나 오케스트라 콘서트홀 *L'Auditori* 1990-1999

마리나 길에서는 한 블럭 떨어져 있지만, 건축에 관심있는 사람이라면 까딸루냐 음악학교를 들려보길 추천한다. 까딸루냐 음악학교ESMUC와 뮤지엄, 그리고 2200명의 관객을 수용할 수 있는 콘서트 홀에서부터 연습실까지 복잡하고 다양한 프로그램이 들어가 건축 면적만 4만 제곱미터에 달하는 건물로, 플리츠커 상을 수상한 스페인 건축가 라파엘 모네오Rafael Moneo가 설계하였다. 건물이 건설될 당시 포트 피엥 *Port Fienc* 지구는 고도 차이가 심한 지형에 기차 선로가 지나가는 데다, 옛 공장지대와 가까워 주거 밀도가 낮은, 도시 내에서도 변두리 땅이었다. 주어진 대지는 넓은데 주변과의 맥락이 없어 장소성이 낮은데 대해, 건축가는 내부로는 공간의 풍부함을 가지되 외부로는 간결한 건물로 계획하였다. 113미터 블록 두 개를 차지하는 거대한 건물의 한 가운데를 열어 보행자들이 건물을 관통해 지나갈 수 있게 하면서 격자형 근대 도시의 틀을 존중하였는데, 가운데에 하늘로 열린 공간은 그 아래를 지나는 사람들로 하여금 예상치 못한 즐거움을 준다. 한편, 외부 마감 재료는 오래될수록 물성이 더욱 아름답게 드러나는 코르텐 판넬로 선택하였는데, 코르텐 강판은 일부러 부식을 진행시켜 시간이 지날수록 재료 자체에서 만들어지는 산화층이 재료를 보호하여 칠을 할 필요없이 그대로 유지 관리하는 마감재이다. 부식이 더 치밀하게 진행될수록 표면의 색깔은 점점 선명해지게 되니, 건물이 신축된 그 순간보다 몇 년 후가 더욱 새롭게 보이게 되는 것이다. 까딸루냐 음악학교가 건설된지 15년도 더 지난 현재 콘서트홀 주변은 옛 공장지대를 첨단 산업과 문화 도시로 재생시키는 도시 프로젝트 22@와 글로리아스 광장*Plaça de les Glòries Catalanes*의 공원화 프로젝트가 진행되면서 또 하나의 도시 중심으로 바뀌어가고 있는 중이다. 철근 콘크리트로 구조이자 입면 구성의 모듈을 만들고 그 사이에 코르텐 판넬과 유리창을 조립해서 완성하는 명쾌한 시공 디테일의 치밀함도 아주 라페엘 모네오 답지만, 건물이 들어설 도시를 공간뿐만 아니라 시간으로도 읽은 건축가의 혜안이 놀라운 건물이다.

이야 포트 피엥 *Illa Port Fienc*

　마리나 길에서 까딸루냐 음악학교와는 반대 방향으로 한 블럭 건너가면, 바르셀로나 북역 버스터미널과 붙어있는 삼각형 땅에 포트 피엥*Port Fienc* 지구의 중심 공간이 자리 잡고 있다. 포트 피엥은 디아고날 길과 메리디아나 길*Av. Meridiana* 사이에 자리잡고 있는 지구로 근대 계획 도시 안에 포함되어 있으면서도 오랫동안 잊혀져 있던 땅이다. 북역 버스터미널은 19세기 바르셀로나와 사라고사를 연결하는 기차역이었는데, 이후 모든 기능이 프랑스 기차역으로 옮겨지면서 일부를 버스터미널로 사용해 왔지만 대부분이 올림픽이 개최될 때까지 버려져 있었다. 그 주변은 점차 주거지로 밀도가 올라갔지만 주거지에 필요한 중심 서비스 공간이 없어 주민들의 요구가 있어왔고, 그에 대해 바르셀로나 시는 유치원, 학교, 도서관, 시장, 주민센터, 노인 주거 시설 등의 기능이 들어간 복합 시설물 이야 포트 피엥*Illa Port Fienc*을 계획하였다. 설계를 맡은 스페인의 현대 스타 건축가 중 한 사람인 주셉 리나스*Josep Llinàs*는 북역 버스터미널을 등지고 113 x 113미터의 블럭을 자르고 지나가는 옛 고대 로마 시대의 도로 리베스 길*Carrer de Ribes*을 중심으로 다양한 기능을 배치하는 것을 선택하였다. 도시 전체의 서비스 시설인 터미널과의 큰 간섭 없이, 주민들을 위한 온전한 보행 중심 공간으로 복잡하고 다양한 기능들 각각의 접근을 하나의 건축물로 잘 연결해냈다는 평가를 받고 있다.

▌뽐뻬우 파브라 대학 도서관 (옛 저수조)

Biblioteca de la UPF (*Dipòsit de les Aigües*)

이야 포트 피엥에서 사르데냐 길^{Carrer de Sardenya}을 따라 걸어내려 가면 시우타데야 공원에서 잠깐 소개 했던, 바르셀로나에서 손에 꼽게 아름다운 공간 뽐뻬우 파브라 대학 도서관이 나온다. 원래는 폰뜨세레가 시우타데야 공원과 함께 공원의 폭포와 정원 유지에 필요한 많은 양의 물을 건물 옥상에 저장하고 급수하는 수조 건물로 건설했던 것으로 이후에 소방소 창고, 시청 행사 공간, 경찰서, 재판 기록물 보관소 등 여러 용도로 사용되었었다. 현재에는 대학 도서관으로 사용되고 있는데, 뽐뻬우 파브라 대학은 원래 있던 건물의 외관은 그대로 두고, 새로운 도서관 건물을 계획하면서 두 건물이 지하로 연결되게 하였다. 때문에 대학 건물 중정을 통해 들어가는 새 도서관 건물을 관통해 옛 저수조 건물로 찾아 들어가는 길이 조금 복잡하지만, 옛 건

작은 벽돌과 모르타르만으로 쌓아올린 14미터 높이의 거대 구조가 경이롭다. 입면과 천창에서 쏟아져 들어오는 빛이 벽돌의 재질감과 함께 구조의 높이와 깊이감이 드러나게 한다.

물에 들어서자마자 펼쳐지는 내부 광경은 그저 말을 잃게 만든다. 벽돌로 건설된 14미터 높이의 로마 아치가 65미터 깊이의 건물 내부에 반복되며 만들어 내는 공간에 그 높이만큼의 창문에서 쏟아져 들어오는 빛이 환상적이다. 이 보석 같은 건물을 도서관으로 사용하기 위해 개조한 부분도 굉장히 잘 계획되었는데, 원래 건물의 벽돌 구조는 그대로 두고 독립적으로 조립식 콘크리트 구조를 설치하여 필요한 중층 공간들을 만들어내었다. 다시 말해, 훗날 다시 용도 변경이 되거나 한다면, 조립식 콘크리트 구조를 걷어 내는 것만으로 원래 건물의 모습으로 온전하게 되돌릴 수 있는 방식으로 설계, 시공된 것이다.

계단을 포함한 중층의 구조는 모두 미리 제작해온 콘크리트 부재*prefabricated concrete*를 조립하여 설치한 것으로 원래 건물의 구조를 온전하게 보존하고 있다.

|마프레 타워^{Torre Mapfre}와 호텔 알츠^{Hotel Arts}

마리나 길^{Carrer de la Marina}을 따라 끝까지 내려가면 길 끝에 바다로 들어가는 문, 마프레 타워^{Torre Mapfre}와 호텔 알츠^{Hotel Arts} 사이를 통과하게 된다. 154미터로 까딸루냐 전체에서 가장 높은 두 빌딩으로, 쌍둥이처럼 보이지만 사실은 아주 다른 건물이다. 마프레 타워는 평면 중앙의 계단과 엘리베이터의 콘크리트 박스가 구조의 중심으로 내부에서 27개 기둥이 건물을 지지하여 외부로 완전히 열려있는 건물이고, 호텔 알츠는 외부에 구조가 있고 내부가 완전히 열려있는, 마프레 타워와는 반전된 구조를 가진 건물이다. 이 상징적인 고층빌딩들은 1992년 올림픽 개최를 앞두고 시행된 대대적인 도시 정비 계획의 일부로 올림픽 항구^{el puerto olímpico}와 함께 건설된 것이다. 도시와 해안선 사이를 가르며 나있던 철도를 걷어내고 도시와 바다를 연결한 것인데, 그리하여 해변이 도시의 일상 공간 안으로 포함되어 해안선 전체가 하나의 공원으로 변모하게 되었다. 거대한 문, 타워 사이를 통과해 걸어 내려가 보자. 요트들이 떠있는 올림픽 항구와 함께 해안도시 특유의 풍경이 펼쳐진다.

올림픽 촌, 마리띰 거리 *Passeig Marítim*

0　　0.5　　1km

에스파냐 광장 *Pl. Espanya* 에서
몬주익 언덕 *Montjuïc* 그리고
뽀블레섹 지구 *Poble Sec*

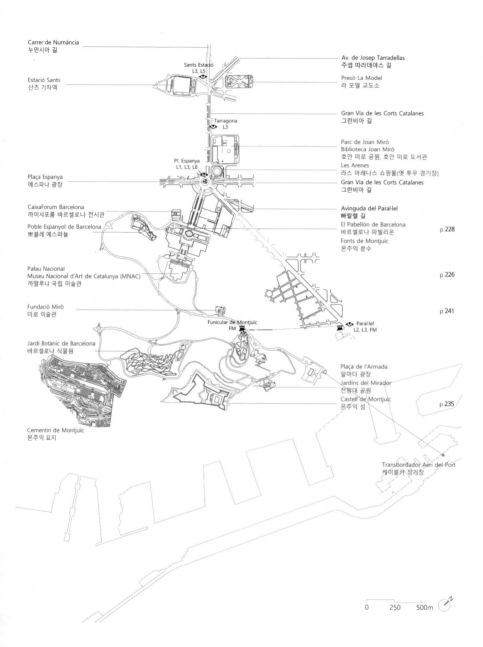

Carrer de Numància
누만시아 길

Av. de Josep Tarradellas
주셉 따라데야스 길

Sants Estació
L3, L5

Presó La Model
라 모델 교도소

Estació Sants
산츠 기차역

Gran Via de les Corts Catalanes
그란비아 길

Tarragona
L3

Parc de Joan Miró
Biblioteca Joan Miró
호안 미로 공원, 호안 미로 도서관

Les Arenes
라스 아레나스 쇼핑몰(옛 투우 경기장)

Pl. Espanya
L1, L3, L8

Gran Via de les Corts Catalanes
그란비아 길

Plaça Espanya
에스파냐 광장

CaixaForum Barcelona
까이샤포룸 바르셀로나 전시관

Avinguda del Paral·lel
빠랄렐 길

Poble Espanyol de Barcelona
뽀블레 에스파뇰

El Pabellón de Barcelona
바르셀로나 파빌리온   p.228

Fonts de Montjuïc
몬주익 분수

Palau Nacional
Museu Nacional d'Art de Catalunya (MNAC)
까딸루냐 국립 미술관   p.226

Fundació Miró
미로 미술관   p.241

Funicular de Montjuïc
FM

Paral·lel
L2, L3, FM

Jardí Botànic de Barcelona
바르셀로나 식물원

Plaça de l'Armada
알마다 광장

Jardins del Mirador
전망대 공원

Castell de Montjuïc
몬주익 성   p.235

Cementiri de Montjuïc
몬주익 묘지

Transbordador Aeri del Port
케이블카 정거장

0   250   500m

+ 걷기
3
에스파냐 광장 *Pl. Espanya* 에서
몬주익 언덕 *Montjuïc* 그리고
뽀블레섹 지구 *Poble Sec*

몬주익의 어원은 "유대인들의 언덕 *Monte de los judios*"으로 중세 시대에 유대인들의 묘지가 있었던 데에서 유래한 것으로 알려져 있다. 산에서부터 바다까지 계속해서 고도가 내려가다 해안에 다와서 갑자기 해발고도 200m 정도 되는 언덕이 솟아 있는 특이한 지형으로 그 자체로 하나의 거대한 표지가 된다. 자연적인 망루로 전쟁 때마다 군사적으로 중요한 위치였고, 1929년 바르셀로나 만국박람회와 1992년 바르셀로나 올림픽의 주요 무대로 중대한 시기마다 바르셀로나 도시의 역사와 함께 해온 곳이다. 또한, 몬주익 언덕의 채석장은 고대 로마의 아우구스투스 신전부터 현재 공사 중인 성가족 성당 건축에까지 2000년이 넘는 기간 동안 도시 건설의 재료를 제공해왔다. 이렇게 몬주익 언덕의 뼈를 깎아 도시를 건설했다 하여, 몬주익을 바르셀로나의 어머니라 표현하기도 한다.

에스파냐 광장 *Pl. Espanya*

　공항에서 버스를 타고 바르셀로나 시내로 들어오게되면 갑자기 사방에 기념비적인 건물들이 나타나 급하게 내려야하나 방문자를 당황하게 하곤 하는 곳이 에스파냐 광장 *Pl. Espanya* 이다. 도시 전체를 가로로 길게 관통하는 그란비아 *Gran Via de les Corts Catalanes*, 산츠 기차역과 연결되는 따라고나 길 *Carrer de Tarragona*, 항구로 연결되는 빠랄렐 길 *Av. del Paral·lel* 이 만나는 곳이자, 옛 투우 경기장 *Las Arenas* 이 위치한 곳이며, 몬주익 언덕의 진입로 *Av. de la Reina Maria Cristina* 가 시작되는 곳으로 도시의 가장 상징적인 지점 중 하나다. 에스파냐 광장의 계획은 세르다 *Cerdá* 의 근대도시 계획 때부터 있었지만, 현재의 모습으로 건설된 것은 1929년 바르셀로나 만국박람회 개최를 위해 건축가 카다팔크 *Josep Puig i Cadafalch* 의 지휘 아래 몬주익 언덕 개발 계획이 대대적으로 이루어졌을 때다. 이 개발 계획은 몬주익 언덕을 하나의 도시 공간으로 끌어들인 것으로, 에스파냐 광장이 몬주익과 도시를 연결하는 하나의 문이 된 것이다. 베네치아의 산 마르코 광장을 연상시키는 벽돌 탑 사이로 몬주익 언덕에 들어서자마자 멀리서부터 풍경을 장악하며 에스파냐 광장을 바라보고 서있는 까딸루냐 국립 미술관 *Museu Nacional d'Art de Catalunya* 이 시선을 끌어당긴다.

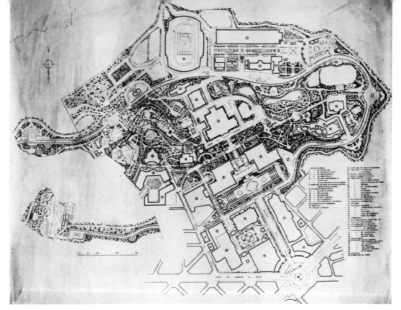

1929년 J. Puig i Cadafalch 바르셀로나 만국박람회 계획
만국박람회 시설물을 계획하여 행사 공간으로 사용할 뿐만 아니라 몬주익 언덕의 넓은 면적에 도로를 포함한 인프라를 구축하여 도시화한 계획이었다.

9월 11일, 디아다*Diada* 라고도 불리는 까딸루냐의 날*Día de Cataluña*에 에스파냐 광장에 많은 시민이 모여들어 까딸루냐 지방의 분리 독립 시위를 하고 있다.

까딸루냐 국립 미술관
Museu Nacional d'Art de Catalunya (MNAC)

까딸루냐 국립 미술관은 1929년 바르셀로나 만국박람회의 가장 중요한 건물로 만국박람회 당시에는 국립 대저택^{Palacio Nacional}이라 불렸으며, 이 건물 중앙의 거대한 타원형 홀에서 알폰소 13세^{Alfonso XIII}와 빅토리아 여왕^{la reina Victoria Eugenia}의 주재하에 개회식이 열렸다. 박람회 기간 중 스페인 전체에서 수집된 예술품 오천 여 점이 전시되었다고 하며, 국립 미술관으로 사용되고 있는 지금은 로마네스크 시대의 종교 예술 전시로는 전세계 최대 규모를 자랑한다. 로마 기독교 시대부터 중세 고딕, 르네상스, 바로크, 근대, 현대까지 시대별로 분류되어 있어 스페인 예술의 변천사를 따라 관람할 수 있는데, 시대도 다양하고, 각 시대별로 전시물의 수가 매우 많아 하루에 볼 수 있는 규모가 아니다. 실제로 입장권을 구매하여 관람한 날짜로부터 한 달 안에는 같은 입장권으로 다시 방문 할 수 있다.

몬주익 매직 분수쇼 Fuente Mágica de Montjuïc

1929년의 만국박람회를 위한 건축물들이 한참 건설되고 있을 때였다. 당국은 까딸루냐의 수도로서 바르셀로나의 위엄을 보여줄, 미래적인 무엇인가가 부족하다고 느끼고 있었다. 완공까지 1년 남짓 되는 기간을 남겨둔 상황에서 건축가이자 공학자였던 까를레스 부이가스 *Carles Buïgas* 가 총 길이 600미터에 달하는 분수 시스템을 건설하는 대담한 계획을 제안한다. 당시에는 이 엄청난 규모의 공사를 기간 안에 마치는 것이 불가능할 것이라는 의견이 많았지만, 결국 3,000여 명의 인력이 동원되어 1년 안에 공사를 마무리하게 된다. 국립 미술관 Palacio Nacional 에서부터 낙수하여 에스파냐 광장까지 이어지는 긴 축, 마리아 크리스티나 길을 따라 크기와 출력이 다른 120여 개의 분수가 조명으로 발광하며 물을 뿜고, 그중에도 축 한 가운데에 위치한 장축 65미터에 달하는 타원형의 대형 분수는 3,620개의 호스에서 뿜어내는 물줄기가 음악에 맞춰 춤을 추며 최대 54미터 높이까지 솟구치는 것이 아주 장관이다. 한 번의 분수쇼를 위해 사용되는 물의 양이 3백만 리터, 수도관의 총 길이 6킬로미터에 달하는 초대형 "쇼 *show*" 가 되겠다. 1888년 만국박람회에 이어, 1929년 다시 한번 국제 도시로 거듭난 바르셀로나의 위상을 한 껏 뽐냈을 이 대형 분수쇼는 스페인 내전 중에 심하게 파손되어 작동이 중단되었으나 1955년 까를레스 부이가스가 직접 수리를 지휘하였고, 1992년 바르셀로나 올림픽 개최를 앞두고 효율적인 에너지 소비를 위한 대대적 수리와 함께 음향시설이 추가되어 물과 조명과 음악으로 만들어진 환상적인 볼거리로 다시 한번 국제적인 행사에 선보였다. 지금도 매주 무료 서비스로 관광국의 위엄을 뽐내고 있는데, 계절에 따라 날짜와 시간표가 바뀌니 방문 전에 시간 확인은 필수다.

w110.bcn.cat/portal/site/FontMagica/index135e.html? lang＝en_

바르셀로나 파빌리온El Pabellón de Barcelona

마구 화려하고 거대한 국립 미술관과 분수 옆으로 조각 장식 하나 없이 낮고 평평한 건물 하나가 그 앞으로 넓은 면적을 비워둔채 조용히 자리잡고 있다.

건축이나 인테리어 교육을 받은 사람이라면, 전세계 어느 나라 어느 대학에서 공부를 했든 모형 과제나 도면 분석 과제, 발표 주제로 적어도 한 번은 공부를 했을 건축물, 바르셀로나 파빌리온이다. 그만큼 근대 건축의 언어를 이해하기 위해서는 교과서적인, 표본과 같은 건물이라는 이야기이다. 이 건물은 1929년 바르셀로나 만국박람회의 독일관으로 계획된 것으로, 세계 근대 건축의 3대 거장[1] 중 한 사람인 독일건축가 미스 반 데 로에*Ludwig Mies van der Rohe*의 작품이다. 그의 대표작이자 20세기를 대표하는 작품으로, 새로운 시대로 가는 이정표를 찍은 작품이다. 전세계적으로 근대 건축 양식이 퍼지고 난 지금의 시선으로 보면 그저 세련된 건물로 보일 수도 있지만, 한 세기 전으로 시간을 돌려 놓고 보면, 당장 바로 옆에 있는 화려한 고전주의적 국립 미술관과 이 건물이 같은 시기에 계획된 것이라는 점부터 충격적이다. 돔 같은

1 근대건축의 3대 거장 - 르 코르부지에Le Corbusier, 미스 반 데 로에Ludwig Mies van der Rohe, 프랭크 로이드 라이트 Frank Lloyd Wright

화려한 지붕도 고대 신전 기둥의 양식을 모방한 기둥도 없이, 아주 가는 기둥과 벽채만으로 평평한 지붕을 지지하는 이 수평적 건물은 당시로서는 매우 파격적이었을 것이다. 한 세기 내내, 현재까지도 수없이 많은 글과 말에 인용되고 페러디되어 온, 미스 반 데 로에의 유명한 문장 "*Less is more.* 더 적은 것이 더 많은 것이다."[2] 라는 그의 건축 철학이 부족함 없이 드러나는 작품이다. 또한, "자유로운 평면"과 "연속하는 공간"의 개념이 최대로 반영된 작품으로 공간을 최소한으로 구획하는 구조체 기둥과 벽체를 따라 동선와 시선의 흐름으로 이해할 수 있는 건물이다. 정면이 아닌 측면으로 나있는 진입부 계단을 따라 한 단 한 단 올라가면 기단 위에 있는 수공간의 수면이 하늘을 비추는 거울로 변하고, 기단 위에 올라서면 마중 나와 있는 황토색 대리석 벽을 따라 동선이 감겨 들어간다. 바닥의 검은 카펫과 기둥 하나, 그리고 "바르셀로나 의자"만이 "머무르는 공간"과 "지나가는 복도"를 가볍게 구분할 뿐 내부는 완전히 열려있다. 새로운 공간을 암시하는 듯한 녹색 대리석 벽을 따라 들어가 (水) 공간 앞에 다다르면 수공간을 감고 있는 벽체보다 짧은 지붕 끝으로, 하늘이 열린다. 또 대리석 벽의 모서리에 서있는 하얀 조각상은 검은 바닥 재료 위에서 완전히 거울로 변신한 수면에 반사되어 시선을 사로 잡는다. 조각상으로 다가가 돌아서면 녹색 대리석 벽이 끝나는 곳에서 정원을 향해 공간이 열리고, 길게 뻗은 하얀색 대리석 벽과 벤치는 건물 끝까지 시선과 동선을 잡아 끈다. 이 작은 공간 안에서 하나의 공간 시나리오를 느낄 수 있는 것이다.

덧붙이자면, 사실 현재 몬주익에 건설되어 있는 바르셀로나 파빌리온은 원작이 아니다. 당시에도 건물을 보존해야한다는 목소리가 있었으나, 재정 문제로 박람회가 끝난 후 1930년 독일정부에서 고가의 대리석을 분해하여 가져갔다. 만국박람회 당시의 파빌리온과 같은 부지에 있는 현재의 바르셀로나 파빌리온은 반세기가 지난 1980년대에 미스 반 데 로에 재단에서 비용을 대고 원작의 도면 그대로, 같은 재료를 공수하여 새로 건설한 것이다. 공공에 개방되어 건물을 관람할 수 있으며, 그 동안 세계적인 건축가들의 작품을 전시하는 건축전도 여러 차례 있었다.

---

2 그가 이 문장을 언급한 것은 1947년으로 알려져있다.

1 가볍게 하늘에 떠있는 듯한 얇은 평지붕과 그것을 반사하고 있는 기단 위의 수공간.

2 우아한 X자 형태의 구조로 등받이부터 다리까지 단순하고도 명쾌하게 구조와 디자인을 일체로 만든 미스 반 데 로에의 바르셀로나 의자.

3 하늘로 열려 자연광을 받으며 서있는 조각상이 수면에 반사되어 두 배의 수직성으로 시선을 사로잡는다.

4 뒤편 정원을 향해 열린 공간. 지붕은 앞에서 끝나지만 그 아래 벽체와 벤치는 길쭉하게 이어지며 건물 끝까지 시선을 잡아끈다. 평면에서 보면 각각 점, 선, 면으로 보이는 기둥, 벽체, 지붕은 구조체이자 공간을 구획하는 가장 기본적인 건축요소이다.

까이샤포룸 바르셀로나 전시관 CaixaForum Barcelona

바르셀로나 파빌리온과는 도로 하나를 사이에 두고 이웃한 자리에 또 예사롭지 않은 건물이 하나 나타난다. 스페인 전역에 지점이 깔려있는 까딸루냐 최대 금융사 라 까이샤 La Caixa가 설립한 문화재단에서 기획, 운영하고 있는 예술 문화 센터이다. 건물은 원래 까사라모나 면직물 공장 Fàbrica Casaramona 으로 건설된 것으로 1929년 바르셀로나 만국박람회를 위한 몬주익 언덕의 전체 배치 계획을 맡았던, 까딸란 모더니즘의 대표 건축가 주셉 뿌이치 까다팔크 Josep Puig i Cadafalch의 작품이다. 아름다운 조적 건물로 까딸루냐식 슬라브 구조와 물결치는 지붕 계획이 돋보이는 이 건물은 2002년 라 까이샤 재단이 매입하여 원래 건물의 재료, 색깔, 공간 계획 그리고 당시의 공사 방식 등을 최대한 존중하면서 개조했다. 외관은 온전히 보존하면서 공연시설을 포함하여 5000제곱미터가 넘는 면적의 서비스 공간을 지하에 계획하면서 새로운 주출입구를 중정과 함께 지하로 해결한 계획이 아주 탁월하다. 이렇게 해서 원래의 공간 구획도 변형되지 않고 옛 공장의 작업공간들은 그대로 전시 공간으로 변신되었다.

근대 이후의 중요한 스페인 예술 작품들을 많이 소장하고 있고, 특히 미디어 예술, 비디오 예술, 음향 예술, 영상 무용, 영화, 다큐멘터리, 사진 분야에 흥미로운 전시가 많다.

https://obrasociallacaixa.org/en/cultura/caixaforum-barcelona/que-hacemos

전시관이 여러 채의 건물군으로 나누어져 있는데 그것은 공장일 때의 건물 구성을 그대로 활용한 것으로 당시에는 화재 시 피해를 줄이기 위해 간격을 계획한 것이라고 한다.

스페인 마을 *Poble Espanyol de Barcelona*

까이샤 포룸 바르셀로나가 면해 있는 프란세스크 페레르 길*Av. de Francesc Ferrer i Guàrdia*을 따라 경사진 길을 걸어 올라가다보면 스페인 마을*Poble Espanyol*로 들어가는 성문이 나타난다. 실제로 존재했던 옛마을이 아니라 1929년 바르셀로나 만국박람회 전시의 하나로 스페인 각 지방의 유명한 건축물뿐만 아니라 전통 가옥, 거리, 광장, 극장, 학교, 식당, 공방 등 117개의 건물을 실물로 건설한 일종의 건축 박물관, 그러니까 한국으로 치면 민속촌 같은 곳이다. 지방마다 매우 다른 건축 양식을 한 장소에서 둘러볼 수 있고, 전통적인 방식으로 공예품을 제작하는 공방들이 자리잡고 있어 둘러보는 재미가 있다.

특히, 여러 콘서트나 각종 이벤트 장으로 사용되기도 하는 스페인 마을의 광장은, 앞서 언급했듯 영화 "향수" 속에서 그루누이를 처벌하기 위해 군중들이 모였던 그 광장이다.

https://www.poble-espanyol.com/en/

이어서 걸어 올라가면 올림픽 시설들이 나타나기 시작한다. 대규모의 시설들을 지나 올림픽 스타디움 입구까지는 거리가 꽤 되는데, 이 언덕길이 바로 1992년 황영조 선수가 바르셀로나 올림픽 마라톤의 마지막 코스로 달린 곳이다. 8월 9일, 56년 전 손기정 선수가 베를린 올림픽 마라톤에서 일장기를 달고 금메달을 땄던 날과 같은 날, 일본선수를 마지막으로 따돌리며 금메달을 선사해 온 국민을 감동시킨 사건이었다. 한 번이라도 영상을 보았다면 마지막 순간까지 속도를 줄이지 않고 달린 황영조 선수가 완주 후 경기장 위로 쓰러져 가쁜 숨을 내쉬던 모습을 뭉클하게 기억할 것이다.

구조미가 돋보이면서도 독특한 조형으로 세상에 이름을 알린 스페인 출신의 스타 건축가 산티아고 깔라트라바^{Santiago Calatrava}가 계획한 몬주익 통신 타워^{Torre de Comunicaciones de Montjuic}가 있는 올림픽 공원과 올림픽 스타디움

몬주익 성 Castillo de Montjuïc

에스파냐 광장에서부터 몬주익 언덕을 순환 운행하는 150번 버스를 타면 까이샤 포룸, 스페인 마을, 올림픽 스타디움, 바르셀로나 식물원을 거쳐 몬주익 성까지 올라갈 수 있다.

17세기에도 배가 접근해 오면 신호로 알리는 망루이자 보루가 몬주익 꼭대기에 있었지만, 지금까지 남아 있는 몬주익 성은 군사시설로 왕위 계승 전쟁이 끝난 후인 18세기 중반에 지어진 것이다. 같은 시기에 시우타데야 군대 시설을 계획하고, 이후에 바르셀로네따 도시계획을 한 공학자 세르메뇨Juan Martín Cermeño의 지휘 아래 원래 있던 시설을 헐어내고 더욱 튼튼한 성채로 건설한 것이다. 그 이후 이 성채는 바르셀로나에서 있었던 수많은 전쟁의 현장이 되었는데, 1808년에는 나폴레옹 제국의 군대에 의해 성채가 점령되었고, 1842년에는 바르셀로나에서 섭정 군사 통치에 대한 반란이 일어나자 바로 이 성채에서 도시를 향해 무차별적 폭격이 가해지기도 했다. 이후 1890년대에 혁명적 자유주의자들을 고문하고 감금한 곳이기도 했고, 1909년 "비극의 주$^{Semana\ Trágica}$"라고 불리는 사건으로 모로코 점령을 위한 파병에 반대하여 총파업이 일어나자 수많은 노동자들을 수감했던 곳도 바로 이 몬주익 성이다. 여기서 그치지 않는다. 스페인 내전이 발발했을 때는 극우주의자들을 살해했던 곳이었으며, 프랑코 독재 기간 동안에는 군사 감옥으로 총살과 감금을 위한 장소로 사용되었다. 1963년 프랑코 치하에 군대 기념관으로 개관하여 사용되었는데, 2007년에 와

Torre Agbar
아그바르 타워

Sagrada Familia
성가족 성당

Catedral de Barcelona
바르셀로나 대성당

Monumento a Co
콜롬버스 동상

Santa Maria del Pi
산타 마리아 델 피

Parc de la Ciutadella
시우타데야 공원

서야 군대 기념관을 철폐하였고 앞으로 평화 센터로 사용될 예정에 있다. 지금은 여름마다 몬주익 성 둘레의 해자나 성 안의 중정에 대형 스크린을 설치해서 야외에서 야간 영화 상영을 하곤 하는 문화 시설로 사용되고 있다.

www.castillomontjuic.com/en

몬주익 성에서 조금 걸어내려가면 나오는 전망대 *Mirador de l'Alcalde* 난간 앞에서면 산에서부터 항구까지 바르셀로나의 도시 전경이 한 눈에 들어온다.

이어서 걸어내려가면 해변으로 바로 이어지는 케이블카 정거장이 있는 아르마다 광장^{Plaça de l'Armada}이 나오고, 광장에서 되돌아 나오는 길을 따라 가면 빠랄렐 길^{Av. Paral·lel}로 바로 이어지는 산악열차 푸니쿨라스를 이용할 수 있다.

www.telefericodebarcelona.com/en

www.tmb.cat/en/barcelona/metro/-/lineametro/FM

바르셀로나 식물원 *Jardí Botànic de Barcelona*

　몬주익 성을 돌아 전망대와 반대편으로 가면, 몬주익 성만큼이나 넓은 면적에 식
물원이 조성되어있다. 1999년 바르셀로나의 시의 추진으로 계획된 야외 식물원으로
원래 그 자리는 채석장에서 나오는 돌부스러기를 버리는 처리장이었다고 한다. 식
물원 계획은 바르셀로나 출신 스타 건축가 까를로스 페라떼르 *Carlos Ferrater i Lambarri*
가 하였는데, 대지의 경사진 지형을 삼각형 그물의 기하학으로 해석하여 그 자체로
동선을 만들고 식물군에 따라 구획하여 아주 명쾌하게 풀어냈다. 반복되는 삼각형
을 그대로 유지하면서 등고차를 해결하고, 바닥 재료를 나누고 하면서 만들어진 입
체적인 모서리 하나하나가 눈을 즐겁게 한다.

재배되는 식물군으로는 건조한 여름이 길고, 겨울의 추위가 심하지 않은 지중해성 기후에서 자라는 식물군들이 모여있는데, 이러한 기후는 지구 전체 면적의 5%에 불과하지만, 의외로 지구 여러 곳에 분포한다. 캘리포니아, 칠레, 아프리카, 호주의 지중해성 기후 식물들을 모아 바르셀로나에서 재배하고 있는데, 스페인과 위도는 비슷하지만 계절풍이 있는 한국에서는 볼 수 없는 이국적인 형태에 이름도 특이한 식물들이 가득해 상상력을 자극한다.

museuciencies.cat/en/visitans/jardi-botanic

미로 미술관 *Fundació Miró*

유아적인 내면과 무의식에 대한 고찰을 통해 초현실주의 예술가로 활동했던 주안 미로*Joan Miró*[1]의 작품 전시를 위해 계획되어 그의 작품만 10,000점 이상 소장하고 있는 미술관이다. 미술관 설계는 주안 미로의 친구이자 20세기 스페인의 중요한 건축가 중 한 사람인 주셉 루이스 세르트*Josep Lluis Sert*가 맡았는데, 작품을 훼손할 수 있는 직사광선의 유입은 피하고, 반사광으로 채광할 수 있게 디자인 한 지붕 계획이 돋보이는 건물로 미술관 자체도 매우 아름답다.

주안 미로는 파블로 피카소*Pablo Picasso*, 살바도르 달리*Salvador Dalí*와 함께 20세기 스페인 예술의 3대 거장 중 한 사람으로 1893년에 태어나, 피카소 보다는 12살이 어리고 달리보다는 9살이 많다. 우디 앨런 감독의 영화 '미드 나잇 인 파리스'에는 피카소와 달리만 등장하지만 미로 또한 파리로 옮겨 피카소와 교류하며 입체주의에 영향을 받아 파리에서 큰 주목을 받기도 하였다. 세 사람 모두 전형적인 화풍을 거부하고 새로운 예술을 향해 나아간 사람들로, 회화뿐만 아니라 조각, 도자기 등 폭넓은 영역에서 새로운 시도와 함께 화풍을 바꿔가며 다작한, 그리고 장수한(?) 예술가들이다. (피카소 92세, 미로 90세, 달리 85세 사망) 미로는 1923년 이후 칸딘스키의 영향을 받아 초현실주의로 전환하여 밝고 순수함으로 대표되는 그만의 화풍을 완성하였다. 미로 미술관에는 그의 초창기 작품부터 그의 화풍이 완성되어가는 후기 작품까지 매우 많은 작품들이 전시되어 있다. 또한 미로가 의도한대로 현대 미술을 이끌어갈 신인 예술가들을 위한 전시장 Espai 13이 따로 마련되어 있어, 실험적 예술을 위한 전시도 함께 관람할 수 있다.

http://www.fmirobcn.org/en/

[1] 한국에는 호안 미로라고 알려져 있지만, 그는 마요르까*Palma de Mallorca*출신으로 그의 이름은 까딸란 이름이며 까딸란어 발음으로 "주안"이라 부르는 것이 맞다. 지금까지 "호안"이라 표기해 온 것은 4개의 서로 다른 스페인의 표준어를 구분 하지 않고 (한국에서 일반적으로 스페인어라고 알고 있는) 까스떼야노 발음으로 일괄한 것이다. 까딸란 이름 Joan의 까스떼야노식 이름은 Juan 후안으로 발음도 다르고 철자도 다르다.

주안 미로*Joan Miró*와 바르셀로나

　바르셀로나에는 미로의 작품이 도시 스케일로 남아 있어, 미로가 얼마나 사랑받는 예술가였는지를 짐작하게 한다. 1968년 바르셀로나 시는 비행기를 타고 바르셀로나에 도착하는 사람들을 그의 작품으로 환영할 수 있게 주안 미로에게 공항 외관 벽면에 타일로 설치할 작품을 의뢰했다. 이에 미로는 한 술 더 떠서 하늘로 오는 방문객들뿐만 아니라 바다와 땅으로 오늘 사람들을 환영하는 작품도 만들자고 제안하여 T-2 공항의 벽면을 그의 작품으로 마감하고, 항구를 통해 도착하는 사람들을 위해 람블라스 거리 한가운데에 그의 작품으로 대형 모자이크 바닥을 만들고, 차를 타고 고속도로로 도착하는 사람들을 위해 미로 공원에 20미터의 거대한 조각을 설치한다.

　바르셀로나 공항에서 시작해서 공항에서 끝나는 영화, 우디 앨런 감독 "내 남자의 아내도 좋아*Vicky Christina Barcelona*"의 첫 장면이 바로 공항 벽면에 설치된 미로의 타일 작품이다. 바르셀로나에 방문하게 된다면 미로의 환영 인사를 찾아보시라. 어떤 교통 수단을 통해 도착하든.

┃뽀블레섹 지구 *Poble Sec*

　　몬주익 언덕의 한 자락에 경사진 땅에 위치하고 있는, 빠랄렐 길^{Av. Paral·lel}을 사이에 두고 라발^{Raval} 지구와 산 안토니 지구^{Barrio de Sant Antoni}와 마주하고 있는 마을이다. 1854년 중세의 성벽을 헐어낸 후, 라발 지구 너머 지금의 뽀블레섹 지구로 도시가 확장되기 시작하였다. 왕위 계승 전쟁 이후에는 몬주익에 건설된 성채와 함께 군사지역의 일부가 되어, 개발되지 못하고 허허 벌판이었던 이 땅은 이후 산업화와 함께 급변하게 된다. 몬주익 언덕에서는 확장된 도시 건설을 위한 채석이 활발하고, 항구에서는 석탄 산업이 발달하고, 빠랄렐 길을 따라 전차가 설치되면서 뽀블레섹은 노동자들과 항구를 통해 들어오는 이민자들의 주거지이자 이국적인 유흥의 중심지로 탈바꿈 한다. 특히, 빠랄렐 길을 따라 카바레 극장들이 성행하면서 작은 파리^{Paris}라고 불리기도 했다. 19세기 말에서 20세기 초에 파리에서는 영화로도 유명한 "물랑루즈^{Moulin Rouge(붉은 풍차)}"의 카바레 공연이 아주 흥행했는데, 같은 시기 바르셀로나에서도 카바레 극장 문화가 발달하면서 유명 예술가들을 만들어냈던 시기이다. 지금까지도 엘 몰리노 극장^{Teatro El Molino(풍차)}, 아폴로 극장^{Teatro Apolo(시설의 일부를 나이트로 운영하고 있는)}, 빅토리아 극장^{Teatro Victoria}, 꼰달 극장^{Teatro Condal}이 운영되고 있어, 바르셀로나 공연 문화의 중심을 이어가고 있다.

먹을 곳
마실 곳
관람할 곳

Teatro El Molino

Av. Paral•lel 88

elmolinobcn.com/language/en

한국에서는 카바레 극장이라고 하면 뭔가 불건전한 유흥, 변태적인 취미를 즐기는 술집 같은 것을 연상할 수도 있겠다. 스페인의 카바레는 예술 무대가 있는 주점으로, 각자가 사회적인 가면으로 숨기고 있지만 결국 별반 다를 바 없는 인간의 본성을 적나라하게 까발리고 은밀한 성 욕망을 대놓고 떠들며, 냉소를 통해 괴로움과 슬픔을 희화화 하며, 가장 예민한 사회 문제들을 풍자하는 종합 공연 예술로 내용과 형식에서 모두 자유로운 무대이다. 음악과 춤뿐만 아니라 마임, 패러디극, 낭독, 마술쇼, 버라이어티쇼 등 다양한 공연이 상연된다. 극장 건물은 2010년 건축가 주셉 보이가스*Josep Bohigas*가 맡아 개조하였는데, 원래 건물의 입면은 그대로 남겨두고, 그 뒷편으로 필요한 공간을 확보하면서 만든 LED 입면은 낮에는 건물 깊숙히까지 채광을 하고 밤에는 화려한 조명으로 시선을 끈다. 기존 건물의 입면과 새로운 입면 사이에 조성된 테라스가 야외 파티 공간으로 매력적이고, 붉은색의 무대와 검은색의 관람석이 있는 내부 공간도 아주 세련되게 변신되었는데, 특히 180도로 배열되어 있는 2, 3층의 발코니 관람석은 전면의 난간에 설치된 특수 조명이 아주 흥미롭다. 관람객들의 몸은 어둠 속에 남겨두고, 얼굴만 발광하게 하여 관람객들의 얼굴 하나하나가 공중에 떠있는 마임 공연의 출연자가 되게 하는 것이다. 흥행이 지난 구시대 공연 문화가 아닌 진행 중인, 다양한 기법으로 진화 중인 공연 문화를 접하게 될 것이다.

블라이 길 *Carrer de Blai*

빠랄렐 길에서 블라이 길을 찾아 걸어 올라가면 500미터 남짓 되는 거리에 핀초스 Pinchos(자른 바게트 위에 요리를 올려 놓은 음식) 파는 바 Bar들이 양쪽으로 늘어서 있고, 길 중앙으로는 각각의 바에서 내놓은 야외 테이블이 이어진다. 핀초스는 바스크 지방식 타파스로, 빈 접시를 받아 바에 종류별로 올려놓은 핀초스들을 직접 골라 가져다 먹고, 식사를 마치고 나면 핀초스에 꽂혀 있던 이쑤시개의 개수로 값을 계산하는 식이다. 아리송한 스페인어 요리 이름을 보며 메뉴를 고를 필요도 없고, 주문한 음식을 기다릴 필요도 없이 이미 요리가 되어 나와 있는 음식들을 재료 따라 골라먹으니 여행자로서는 밥먹기 아주 편하다. 특히 블라이 길에 모여 있는 핀초스 바들은 맥주 한 잔과 핀초스 하나에 1, 2유로에 파는 곳도 많아 저녁마다 이쪽저쪽으로 바를 옮겨 다니며 핀초스를 맛보러 다니는 젊은 사람들로 북적북적하다.

-

Punjabi Bar

C/Blai 25-27 월-목 08.00-01.00 금 08.00-01.30 토 08.30-01.30 일 08.30-01.00

Taberna Blai Tonight

C/Blai 23 월-금 18.00-01.00 토-일 12.30-01.00

La Tasqueta de Blai

C/Blai 17 월-일 12.30-02.00

El Sortidor

Pl. Sortidor 5 +34 933 284 408

월 13.00-16.30 화-목 13.00-23.30

금-토 13.00-24.00 일 13.00-23.30

-

1908년에 개업한 까딸란 식당이다. 까딸란 모더니즘 스타일의 문들이 옛 모습 그대로고, 내부도 대리석 테이블과 나무 의자가 고풍스럽다. 대구 구이와 꿀 소스가 들어간 거위 가슴살 요리가 메인 메뉴.

La Pizza del Sortidor

C/Blasco de Garay 46

+34 931 730 490

lapizzadelsortidor.com

월-목 20.00-24.00 금 20.00-01.00

토, 일 13.00-16.00, 20.00-24.00

-

장작불을 떼는 화덕에다 구워나오는 나폴리식 피자집. 파스타도 없고, 샐러드나 부라따 치즈도 없고 파마산 치즈도 없다. 메뉴는 피자만 27가지에 디저트는 티라미수 달랑 하나뿐인 동네 피자집인데, 바르셀로나에서 가장 맛있는 피자집이라며 찾아오는 사람들로 매일매일 북적인다. 길에서 차례를 기다려 들어와 칼도 포크도 없이 접시가 아니라 골판지 종이 케이스에 덜렁 나오는 피자를 베어먹는 사람들 표정이 행복하다.

너에게

내가 사는 도시 바르셀로나

어느 도시가 누군가에게 익숙해져 갔다는 건
더 이상 길을 잃지 않는다는 의미는 아닌 것 같아

나와 마음 나눌 수 있는 이들이
이 도시 어느 모퉁이엔가 살고 있다고 느껴질 때쯤이면
그때쯤엔... 정말 이 도시가 내 집이 됐구나 느끼게 되는 것 같아

그런 이유로
너에게 한번도 온 적 없는 이곳 바르셀로나가 낯설지만은 않겠지
내가 여기 이곳에 있으니까

만나러 이곳에 오겠던 약속
꼭 지켜야 해

뽀블레섹 지구, 로세르 길 *Carrer del Roser*

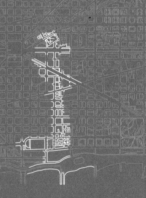

0   0.5   1km

끌롯 지구 *El Clot* 에서
보가뗄 해변
Platja del Bogatell 까지

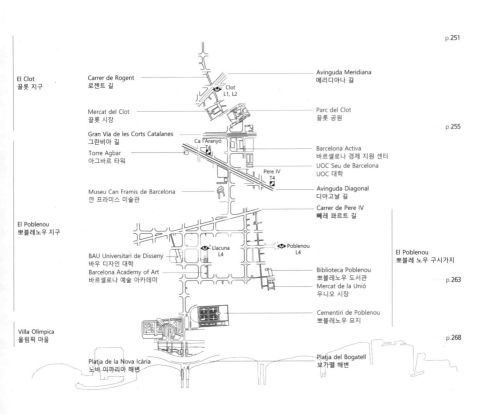

p.251

El Clot
끌롯 지구

Carrer de Rogent
로젠트 길

Avinguda Meridiana
메리디아나 길

Clot
L1, L2

Mercat del Clot
끌롯 시장

Parc del Clot
끌롯 공원

p.255

Gran Vía de les Corts Catalanes
그란비아 길

Ca l'Aranyó
T4

Torre Agbar
아그바르 타워

Barcelona Activa
바르셀로나 경제 지원 센터

UOC Seu de Barcelona
UOC 대학

Pere IV
T4

Museu Can Framis de Barcelona
깐 프라미스 미술관

Avinguda Diagonal
디아고날 길

Carrer de Pere IV
뻬레 꽈르트 길

El Poblenou
뽀블레노우 지구

Poblenou
L4

BAU Universitari de Disseny
바우 디자인 대학

Llacuna
L4

El Poblenou
뽀블레 노우 구시가지

Barcelona Academy of Art
바르셀로나 예술 아카데미

Biblioteca Poblenou
뽀블레노우 도서관

p.263

Mercat de la Unió
우니오 시장

Cementiri de Poblenou
뽀블레노우 묘지

Villa Olímpica
올림픽 마을

p.268

Platja de la Nova Icària
노바 이까리아 해변

Platja del Bogatell
보가뗄 해변

0   250   500m

✚ 걷기
4
끌롯 지구 _El Clot_ 에서
보가뗄 해변 _Platja del Bogatell_ 까지

지하철 1호선 _El Clot_ 역에서 나오면 바로 중세 성벽 밖 도시들 중 하나인 엘 끄 롯 지구 _El Clot_ [주름. 4]다. 길 건너편으로 보이는 가로수 우거진 로젠트 길 _Carrer de Rogent_ 부터 벌써 마을 분위기가 물씬 풍긴다. 끌롯 지구는 베소스 강 가까이 넓고 비 옥한 땅에 농장이 있고, 10–11세기에는 미로 백작의 관리 아래 고대 로마의 관개시 설을 이용한 운하를 재건설하여 수로를 따라 방앗간이 발달한 부유한 지역이었다. 이런 전원적 풍경은 19세기에 산업화가 진행되면서 크게 바뀌는데 제분공장을 시 작으로 직물공장, 가죽 무두질 공장, 벽돌 공장 등이 들어서고, 1854년에는 프랑스 기차역에서 시작되는 철로가 끌롯 지구를 지나가게 되면서 완전한 산업 공간으로 변신한 것이다. 높은 굴뚝의 공장 주변으로 노동자들의 주거지가 형성되고, 그 사이 를 가로질러 스페인 최초의 기관차가 식량과 상품을 싣고 연기를 뿜으며 달렸을 것 이다. 이후 산업화 시대가 막을 내리면서 옛 공장들은 사라지거나 외곽으로 빠져나 가고, 지금은 중산층이 모여사는 주거지가 되어있다. "백작의 수로"라는 뜻인 세끼 아 꼼딸 길 _Carrer de la Sèquia Comtal_ 을 따라 끌롯 시장 _Mercat del Clot_ 을 지나 끌롯 공원 _Parc del Clot_ 으로 가보자.

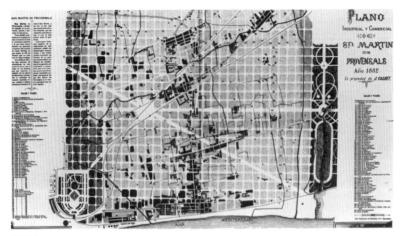

1882년

끌롯 지구에서부터 뽀블레 노우 지구까지, 물길과 샛길에 적응하며 형성된 옛 마을들의 형태를 상세하게 기록한데다 세르다의 근대도시의 격자를 겹쳐놓은 지도.

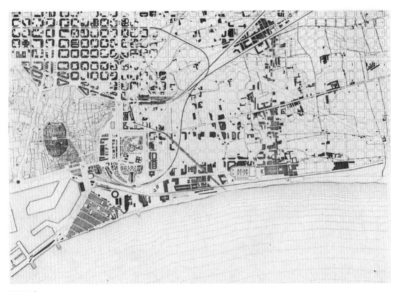

1903년

1901년 새 시장이 선출되면서 근대도시의 확장과 산업화가 강력하게 추진되었다.

공원의 일부로, 수공간을 조성하는 구조물로 활용된 옛 기차 공장의 입면.

끌롯 공원 *Parc del Clot*

끌롯 공원에 다다르면 오래되어 보이는 벽돌 구조물에서 호수로 떨어지는 물소리가 청각을 자극한다. 원래는 기차 공장이 있던 곳으로, 1980년대에 지하로 기차 선로를 새로 내고 옛 공장 건물은 공원화하면서, 한 세기 내내 잘려있던 마을을 연결하고 주거지의 중심공간으로 재탄생 시킨 것이다. 옛 공장의 건축적 요소들을 그대로 공원의 공간을 구성하는 재료로 사용했는데, 높은 굴뚝은 그대로 공원의 입구를 알리는 표지가 되고, 아치 구조가 반복되는 입면은 그 위에서 물이 떨어지는 수공간으로, 낮은 창이 반복 되는 입면은 벤치로, 내부의 아치 구조는 조각이 전시된 정자로 변신했다. 중간중간 나타나는 옛 공장 건물의 흔적들과 함께 조화롭게 조성된 녹지도 소나무, 아카시아 나무, 포플러 나무, 사이프러스 나무, 야자 나무, 오렌지 나무 등 수종이 매우 다양해서 그 사이로 산책하는 것이 즐겁다.

굴뚝과 내부의 아치구조, 외벽 등 옛 공장의 건축적 요소들이 그대로 공원 공간을 구성하는 요소로 녹아들어 있다.

도시 전체를 가로로 관통하는 그란비아는 글로리아스 광장을 기점으로 고속도로로 변하는데 그 소음 문제를 해결하기 위해 설치한 차음벽이 또 예술이다.

디아고날 길에 면해 줄지어 선 고층 빌딩들.

뽀블레 노우 *Poblenou*

끌롯 공원에서 바다 방향으로 걸어 내려가면 지하로 고속도로가 달리는 그란비아 *Gran Via de les Corts Catalanes*를 건너게 된다. 도로 양쪽으로 설치된 소음막이와 그것이 지하도로 바닥에 그려놓은 빛조각이 아름다운데, 건축가 엔릭 미라예스 *Enric Miralles* 의 작품이다. 도로의 소음이라는 문제조차도 도시 디자인의 재료로 활용하는 바르셀로나 시의 건축 문화가 새삼 감탄스럽다. 그란비아를 건너서부터는 "새로운 마을"이라는 뜻의 뽀블레 노우 *Poblenou*, 산업화로 생겨난 19세기 마을로 들어서게 된다. 그러니까 옛 공장 지대로 들어서는 것인데, 까딸루냐 지방뿐만 아니라 스페인 전체에서 산업시설이 가장 집중되어 있던 지구의 하나로 "까딸란 맨체스터 *El Manchester catalán*"라고 불리며 스페인의 산업화를 주도했던 곳이다. 그러나, 여러 19세기의 산업도시들이 그랬듯이, 20세기에 들어 산업화의 전성기가 끝나자 뽀블레 노우의 공장들도 외곽으로 이전하거나 문을 닫기 시작했다. 분주하게 일하던 노동자들은 떠났고, 끊임없이 연기를 뿜어대던 수많은 굴뚝들은 그저 기다란 그림자만 만들어내며 홀로 빈 도시를 지켰다. 여러 해 동안 버려있던 이곳을 찾은 것은 예술가들이었다. 빈 공장을 그들의 작업공간으로 사용하기 시작했고, 헐다 남은 건물의 벽면을 캠버스 삼아 벽화를 그리기 시작했으며, 버려진 산업시설이 만들어내는 독특한 풍경을 카메라에 담기 시작했다. 벽돌로 쌓아올린 굴뚝들, 톱니 모양의 뾰족뾰족한 공장 지붕들, 공장 건물 외벽에 붙은 피난용 철제 계단 등 뽀블레 노우 곳곳에 반복적으로 나타나는 산업 건축의 요소들은 한 시대와 지역의 역사적 상징물로 문화재로 지정해야 한다는 의견도 나오기 시작했다. 이러한 움직임에 바르셀로나 시는 빠르게 응답하며 변화를 주도했는데, 그렇게 탄생한 것이 22@ 도시재생 계획이다. 2000년, 200헥타르의 면적에 도시 혁신 프로그램을 진행한 것으로, 프로젝트의 핵심은 첨단 산업의 시설물을 건설할 경우 허용하는 건물의 층수(용적률)를 일정 비율 올려주고, 거기에다 주거시설이 포함될 경우에는 또다시 비율을 더해주어 규제를 풀어준 것이다. 도시 재생 프로그램에 필요한 용도의 건물을 짓는 경우 혜택을 주어 민간의 투자와 참여를 끌어들인 것으로 다시 말해, 도시 변화의 경향은 정부의 관리 아래 두면서 시장을 활성화시켜 밀도 높은 새로운 산업공간으로 변화시킨 것이다. 미디어 산업, 에너지 산업, 의료 산업 등의 미래 산업 시설들과 연구 시설, 대학들이 함께 건설되었는데, 2009년 조사에 따르면 9년간 새로 생긴 회사만 1,500여 개에 달한다고 하고, 2016년 조사에 따르면 뽀블레 노우에 위치한 회사가 총 8,300여 개에 달한다고 한다. 산업 시설뿐만 아니라 첨단 기술과 접목하여 새로운 방식의 먹을거리, 입을거리, 주거를 모색하는 디자인, 예술 대학들과 작업실, 공방들도 많으며 해마다 그들의 작업 과정과 결과를 공공에 개방하는 행사 *POBLENOU OPEN DAY*를 열어 뽀블레 노우 특유의 문화를 만들어가고 있다.

www.poblenouurbandistrict.com/en/openday

디아고날 길에서 보면 고층 빌딩들이 줄지어선 21세기 현대적 도시지만, 한 블럭만 들어가면 옛 공장을 그대로 두고 개조, 증축하여 19세기 산업도시의 흔적을 간직하고 있는 건물들도 많은데 그런 경우는 또 중정마다 공장 굴뚝 하나씩은 숨겨두고 있다. 그란비아를 건너자마자 람블라 델 뽀블레 노우*Rambla del Poblenou*로 걸어내려가면 만나는 UOC 대학 *UOC Seu de Barcelona*과 또 디아고날 길을 건너자마자 만나는 뽐뻬우 파브라 대학*Universitat Pompeu Fabra* 건물로 보물찾기 하듯 굴뚝들 찾아 다녀보자.

UOC 대학

뽐뻬우 파브라 대학

뽐뻬우 파브라 대학

깐프라미스 미술관의 중정 중앙을 차지하고 있는 조각은 단테의 신곡 중 지옥을 표현한, 바르셀로나 출신 조각가 자우메 쁠렌사*Jaume Plensa*의 작품 Dell'Arte이다.

깐프라미스 미술관*Museu Can Framis de Barcelona*

    뽐뻬우 파브라 대학*Universitat Pompeu Fabra*에서 한 블럭 내려가면 옛 양모 공장을 개조한 까딸루냐 현대 미술관, 깐프라미스*Can Framis*가 나타난다. 건물이 블럭 둘레로 조성된 녹지 안에 자리잡고 있는 것이 113 x 113미터의 근대 도시 블록의 경계에 면해서 건물들이 배열되어 있는 이웃들과는 굉장히 다른 모습인데, 이 건물은 세르다의 근대 도시가 계획되기도 전인 18세기 말에 건설되었으니 뽀블레 노우의 공장들 중에서도 조상급이다. 매우 낙후된 데다 여러 차례 증축을 하면서 재료나 방식에 일관성이 없이 건설되어 건축적 가치는 높지 않은 건물을, 배치는 원형 그대로 따르면서 적극적으로 개축하여 미술관으로 재탄생시켰다. 열린 'ㄷ'자 형태의 배치로 안으로는 미술관 건물에 둘러쌓인 중정이, 밖으로는 보행자들도 즐길 수 있는 공공 정원이 조성된 것이다. 까딸란 건축가 조르디 바디아 *Jordi Badia* (estudio BAAS)의 작품으로 2009년에 개관한 이래 각종 건축상에 여러 차례 이름을 올렸다. 옛 건물의 일부를 새로 건설한 건물과 일체화시켜줄 재료로 노출 콘크리트가 선택되었는데, 바닥까지 이어져 미술관 전체가 하나의 거대한 조각처럼 느껴지는 건물이다. 전시 미술을 관람하다보면 뒤로 굴뚝이 하나 나타나니 찾아보시라.

www.fundaciovilacasas.com/en/museu/museu-can-framis-barcelona

근대도시의 113 x 113미터의 격자 한가운데에 건물이 위치해 있으면서 그 둘레의 정원과 중정은 담벼락 하나 없이 완전히 열려있어 주변 건물에서 근무하는 직장인들, 주민들이 그 안으로 들어와 산책하거나 모여앉아 점심을 먹곤 한다.

메디아 틱Edificio Media-TIC

　깐프라미스와 이웃한 블록에 연두색의 괴상한 건물이 하나 눈길을 끄는데, 까딸란 건축가 *Cloud 9*이 설계한 "통신과 혁신 기술 센터" 메이아 틱 건물Edificio Media-Tic(Tecnologías de la Innovación y la Comunicación)이다. 사실 그 괴상한(?) 외관은 본인이 온갖 혁신의 인큐베이터가 되기 위해 태어났다는 것을 온몸으로 표현하고 있는 것이다. 먼저 북동쪽, 록 보로낫 길*Carrer de Roc Boronat*에 면해 있는 입면을 보면 삼각형의 트러스트 구조가 밖으로 나와있는데, 건물 전체가 일종의 교량과 같은 거대한 큰 틀을 뼈대로 하고 각 층들의 바닥이 모두 거기에 메달린 구조로 건설되어, 매달릴 것이 없는 1층은 36 x 44미터의 면적이 기둥하나 없이 완전히 열려있다. 또 건설 과정이 모두 조립식으로 이루어져 건축 구조적으로도, 건설 기술적으로도 매우 실험적인 건물이라고 할 수 있겠다. 다음, 산초 데 아빌라 길^{Carrer de Sancho de Avila}에 면해 있는 입면은 삼각형의 쿠션들로 뒤덮혀 있는데, 하루 평균 일조시간이 6시간에 달하는 동남쪽에 ETFE라는 신소재 패널을 설치하여 낮 동안에는 일광을 흡수하면서 건물 안으로 들어오는 자외선량을 조절하고,밤에는 발광하여 조명 역할을 한다. 이 ETFE라는 소재는 내구성도 높고 표면 특성상 세척이 필요없어 건물의 유지에도 유리할 뿐만 아니라, 재활용도 가능하다. 남서쪽 입면에도 ETFE가 사용되었는데, 일조시간도 길지만 건물의 온도가 올라가는 주 원인이 되는 서쪽 일광에 대해서는 LENTICULAR라는 시스템을 도입하여 두개의 ETFE층 사이에 질소가스를 이용해 구름을 생성하는 방식으로 채광과 온도 문제를 한번에 해결하고 있다. 이러한 새로운 해법들로 각종 환경 및 에너지 효율 기준을 충족시키며, 건물의 에너지 소비를 20% 절감했다고 하니 알고 보면 그 괴상한 모습이 아름다워보일 수도…

차양과 조명으로 역할하며 건물의 에너지 소비를 줄여줄 뿐만 아니라 입면 디자인의 단위요소로 활용된 ETFE 패널.

페레 꾸아르뜨(페레 4세) 길 *Carrer de Pere IV*

　계속해서 바다 방향으로 내려다가 보면 계속 반복되는 반듯한 블록을 대각선으로 가로지르는 페레 꾸아르뜨 길 *Carrer de Pere IV* 이 나온다. 1763년 바르셀로나에서 20km 떨어진 도시 마따로 *Mataró* 로 도로를 내면서 원래 있던 길을 넓히고 포장한 것으로, 당시 바르셀로나의 경계였던 시우타데야 공원 근처에서 베소스 강까지 이어지며 뽀블레 노우 전체를 관통하는 가장 중요한 축을 담당했지만, 세르다의 근대도시 건설과 함께 격자형으로 도로가 생기면서 그 역할이 축소되었다. 그러니까 이 길이 블록들을 자르고 지나가는 것이 아니라 블록들이 이 길 위에 그려진 것으로, 페레 4세 길 주변의 건물들이 현재의 도로에는 비스듬한 각도로 앉아 있는것도 원래는 페레 4세 길에 면해 직각으로 땅이 구획되어 있던 것에 그대로 근대의 격자가 겹쳐졌기 때문이다. 바르셀로나시에서는 22@ 도시 재생 계획에 있어서 역사적으로도 상징적이고, 형태상으로도 유일한 요소인 페레 4세 길을 산업, 상업, 주거 등의 다양한 기능을 하나로 연결하는 역할을 할 공간으로 보고 상세 계획을 지속적으로 연구, 논의하고 있다.

바우 디자인 대학 BAU *Universitari de Disseny*

　페레 4세 길 주변으로 산업 문화재로 지정된 건물들도 굉장히 많고, 옛 공장을 개조하여 업무시설이나 주거, 갤러리로 사용되고 있는 경우도 많은데, 공공시설물이 아닌 경우는 방문할 수 없으니 대학으로 사용되고 있는 경우를 찾아가보자. 혹, 입구에서 무슨 일로 방문하는지 물어온다면 학교 시설 구경하러 왔다고 하면 될 일이다. 바우 디자인 대학이 위치하고 있는 뿌자데스 길*Carrer de Pujades* 118번지에는 원래는 길다란 2층 건물에 박공 지붕의 무게를 지지하는 기둥들이 벽면에 붙어 있어 한통으로 빈 공간에 포목 창고가 있었다. 대학으로 개조하면서 지붕은 그대로 남겨 두고, 길쭉한 평면을 이용하여 중앙의 복도를 중심으로 양쪽에 중층으로 강의실을 배치하여, 중층 복도에 서서 보면 내부 공간의 전체 구획과 천장까지의 높이, 건물

이 깊이가 한 눈에 들어온다. 이웃 건물들과 양쪽으로 붙어 있기 때문에 줄지어 있는 강의실의 채광과 환기를 위한 창을 낼 수 없어 강의실 사이사이 작은 중정들이 계획되었는데, 중정 마다 학생들이 타고온 자전거가 주차된 모습이나 책상을 가지고 나와 햇볕 아래 작업하는 학생들의 모습이 신선하다. 구석구석 디자인된 공간들도 아름답지만, 그저 1층의 교내 카페나 2층 테라스에 앉아 개성 넘치는 디자인 전공 학생들을 구경하는 것도 재밌다.

바우 디자인 대학에서 나와 바다호스 길*Carrer de Badajoz*을 찾아 역시 바다 방향으로 두 블록 반 걸어내려가면, 왼편으로 낮은 오렌지 나무가 한편으로 심겨져 있는 작은 골목*Passatge de Mas de Roda*이 예쁘다. 조금만 걸어 들어가면 골목에 면한 벽돌 건물 하나가 멋있는데, 역시 옛 설탕공장을 주거건물로 개조한 것이다.

뽀블레 노우 묘지 *Cementiri de Poblenou*

　이어서 바다호스 길을 따라 한 블록 반 더 걸어내려가 눈앞에 모던한 교회 건물이 하나 나타나면 왼쪽으로 시선을 옮겨보자. 공원 입구 같은 곳에 두 개의 조각상이 각각 라틴어로 신앙 FIDES과 희망 SPECS 이라고 새겨진 석단을 밟고 서있다. 온갖색깔과 종류의 꽃들과 아름다운 대리석 조각들이 잔뜩 모여있는 곳, 뽀블레 노우 묘지 *Cementiri de Poblenou*다. 중세 내내 바르셀로나 성벽 안의 인구는 지속적으로 늘어나고, 사람 살 땅도 없는데 성당 주변은 묘지들이 차지하고 있으니 산 사람, 죽은 사람이 한데 있는 지경이었을 것이다. 이런 배경으로 1775년 바르셀로나의 주교 주셉 끌리멘트 *Josep Climent*가 도시 밖 사람이 살고 있지 않은 땅에 묘지를 마련한 것이다. 지금

자우메바르바*Jaume Barba*가 조각한 "죽음의 키스*Petó de la mort, Beso de la muerte*", 1930년

제노바 출신의 이탈리안 조각가 파비아니*Fabiani*의 작품, 1884년

의 뽀블레 노우 묘지는 나폴레옹의 군대에 의해 파괴된 이후 1813년 이탈리아 출신의 젊은 건축가 안토니오 기네시*Antonio Ginesi*가 다시 계획한 것으로 신고전주의 양식에서 당시 유력자들의 취향이 드러난다. 이후로도 묘지는 여러 차례 증축을 겪었는데, 그도 그럴 것이 1821년 수천의 사상자를 냈던 콜레라가 바르셀로나를 휩쓸었을 때는 묘지에 빈자리가 없었다고 한다. 특히 묘지 뒷편, 1849년에 증축된 부분에는 당시의 조각가들, 건축가들의 작품들이 집중되어 있어 죽은자들을 위한 도시가 하나 건설되어 있는 듯, 환상적인 느낌마저 준다. 넓은 묘지에 죽음을 시적으로 표현한 아름다운 조각들도 많고, 마음에 남는 묘비글들도 많아 고요함 속에 그 사이로 산책하는 것은 정말 특별한 경험이다.

"당신을 정말 사랑하는 사람은 당신을 웃게 하는 사람입니다.

Quien bien te quiere, te hará reír"

-까딸루냐 출신의 배우이자 코미디언이었던

까스또 센드라^{Casto Sendra Barrufet} (까쎈^{Cassen}이라는 애칭으로 불림)의

묘비에 새겨진 글

문화권, 종교권에 따라 죽음을 대하는 방식이 다른데, 보기에 스페인 사람들은 잊지 않고 추모하지만 죽음 자체에 대해서는 비교적 담담한 듯 하다.

알모도바르^{Pedro Almodóvar Caballero} 감독, 페넬로페 크루즈^{Penélope Cruz Sánchez} 주연의 스페인 영화 "귀향^{Volver(2006)}"의 첫 장면이 묘지에서 시작되는데, 매해 11월 1일 성자들의 날^{Día de los Santos}이 되면 묘지를 손질하고 헌화를 하곤 하는 것이다.

올림픽 촌 Villa Olímpica

　뽀블레 노우 묘지 입구와 바로 연결되는 이까리아 길 $^{Av.\ d'Icària}$을 따라 걷자. 중앙
의 넓은 보도에 예사롭지 않은 구조물들이 그늘을 만들며 이어지는데, 이것도 역시
건축가 엔릭 미라예스 $^{Enric\ Miralles}$의 작품이다. 이까리아 길 양쪽으로는 올림픽 촌
이 있는데 이름 그대로 1992년 바르셀로나 올림픽을 개최하면서 선수촌으로 건설된
마을이다. 지금은 전혀 상상할 수 없지만 바르셀로나 올림픽 전만 해도 이곳은 시우
타데야 공원과 산업 지대 사이의 외진 곳이면서 산업화의 물결을 타고 농촌에서 도
시로 일자리를 찾아 이주해온 사람들이 모여들어 해안 가까이까지 판자촌을 형성했
던 곳이다. 올림픽 개최를 앞두고 해안으로 달리던 철도와 함께 판자촌들을 걷어내

고, 당대 최고의 건축가들 주셉 마르또렐*Josep Martorell*, 우리올 보이가스*Oriol Bohigas* 등이 참여하여 새로운 주거 타입을 제안하는 프로젝트를 진행하여 으슥했던 도시의 변두리 지역이 해안 공원을 끼고 있는 가장 매력적인 주거지로 변모하게 된 것이다.

계속 따라 걸어내려오던 바다호스 길이 이어지는 방향으로 더 걸어가자. 여기에서 도시가 끝나는가 싶다가, 다리 하나 건너가면 눈앞에 잔잔한 지중해 바다가 펼쳐진다.

먹을 곳
마실 곳
관람할 곳

Espacio 88

C/Pamplona 88 +34 619 313 506
www.espacio88.com
월-금 09.00-17.00

·

최근 바르셀로나에 프리렌서, 소규모의 인원이나 1인으로 창업한 사람, 재택근무 하는 사람 등이 책상 하나를 단위로 임대비를 지불하며 사무실의 공간과 시설을 공동으로 사용하는 Co-working 공간들이 늘어나고 있다. Espacio 88은 그중 하나로 옛 산업시설을 개조하여 일부는 공동 사무실로 사용하고 넓은 홀에서는 각종 이벤트가 열리곤 한다. 보통은 홀에 시트로엥 HY72 한 대가 서있는데 Skye Coffee 커피 가게이다. 커피도 맛있고, 공간도 멋있다. 주말이면 바르셀로나 이곳 저곳에서 푸드트럭 행사가 자주 열리는데, 종종 그곳에서도 이 시트로엥 HY72을 만나곤 한다.

Espai Joliu

C/Badajoz 95 +34 930 232 492

www.facebook.com/espaijoliu

월 15.00-19.00 화-금 09.00-19.00 토 10.00-15.00

-

화분, 도자기, 그림, 잡지 등도 파는 커피 가게로 팔고 있는 모든 아이템이 내부 디자인의
일부로 소박하고 무심하게 배열한 듯 하지만 공간이 너무 예쁘다. 시간도 소음도 멈추고
완전히 다른 공간으로 들어간 듯한 느낌을 주는 곳으로 그 속에서 시간을 보내는 것이 그
저 좋다. 물론 커피도 맛있다.

Nømad Roaster's Home

C/Pujades 95 +34 628 566 235

nomadcoffee.es

월-금 09.00-17.00

-

제목 그대로 커피 볶는 집이고, 말 그대로
커피 전문점이다. 매주 커피 시음회를 할
만큼 커피맛을 자부하는 곳인데, 실제로
커피 애호가들이 환상적이라고 극찬하곤
한다. 커피 원두와 음료뿐만 아니라 직접
디자인하고 제작한 커피 용품들도 판매하
며, 커피에 대한 지식과 커피를 즐기는 방
법별로 다양한 수업도 진행한다.

Can Dende

C/Ciutat de Granada 44

+34 646 325 551

candende.com

월, 목 09.00-16.00 금-일 09.00-16.30

-

덴데는 브라질에서 자라는 식물의 이름이
라는데 가게 주인이 브라질 사람이란다.
샐러드, 팬케이크, 토스트, 햄버거 등 브런
치 메뉴가 대부분인데 어떤 요리를 주문하
든 전혀 가볍지 않은 원색 가득한 접시를
받게 될 것이다. 레몬에이드를 주문하는
것도 잊지 말자. 분홍색이다.

뽀블레노우 지구, 공장 건물 외벽의 피난 계단

0 0.5 1km

깜 노우 *Camp Nou* 에서
포룸공원 *Parc del Foum* 까지
대각선으로 움직이기

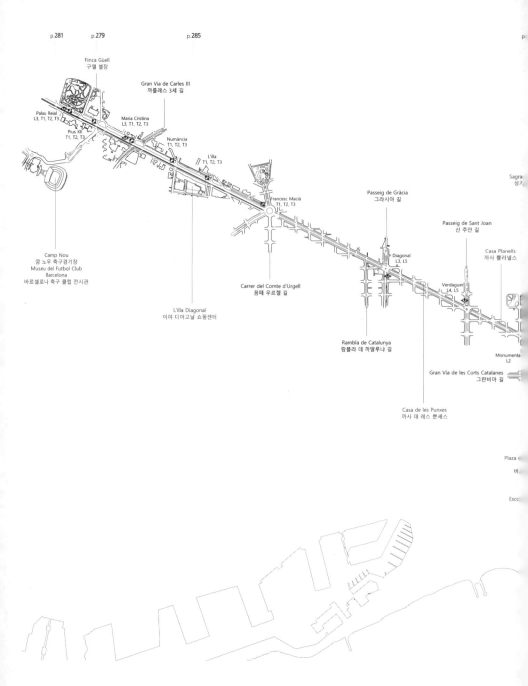

p.281 p.279 p.285

Finca Güell
구엘 별장

Gran Via de Carles III
까를레스 3세 길

Palau Reial
L3, T1, T2, T3

Maria Cristina
L3, T1, T2, T3

Pius XII
T1, T2, T3

Numància
T1, T2, T3

L'illa
T1, T2, T3

Francesc Macià
T1, T2, T3

Passeig de Gràcia
그라시아 길

Passeig de Sant Joan
산 주안 길

Casa Planells
까사 쁠라넬스

Sagra
성기

Camp Nou
깜 노우 축구경기장
Museu del Futbol Club
Barcelona
바르셀로나 축구 클럽 전시관

Diagonal
L3, L5

Verdaguer
L4, L5

Carrer del Comte d'Urgell
꼼떼 우르헬 길

L'illa Diagonal
이야 디아고날 쇼핑센터

Rambla de Catalunya
람블라 데 까딸루냐 길

Monumenta
L2

Gran Via de les Corts Catalanes
그란비아 길

Casa de les Punxes
까사 데 레스 뿐셰스

Plaza

Esco

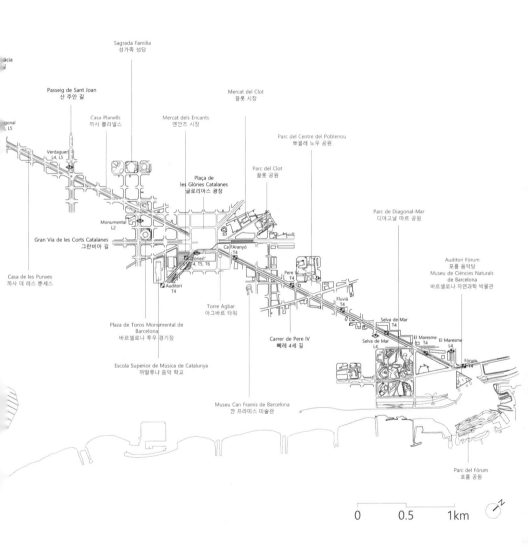

p.196 p.210 p.212 p.288   p.253   p.255   p.290   p.294

Sagrada Familia
성가족 성당

Passeig de Sant Joan
산 주안 길

Casa Planells
까사 쁠라넬스

Mercat del Clot
끌롯 시장

Mercat dels Encants
엔깐츠 시장

Parc del Centre del Poblenou
뽀블레 노우 공원

Verdaguer
L4, L5

Casa de les Punxes
까사 데 레스 뿐세스

Parc del Clot
끌롯 공원

Plaça de
les Glòries Catalanes
글로리아스 광장

Parc de Diagonal-Mar
디아고날 마르 공원

Monumental
L2

Gran Via de les Corts Catalanes
그란비아 길

Ca l'Aranyó
T4

Auditori Fòrum
포룸 음악당
Museu de Ciències Naturals
de Barcelona
바르셀로나 자연과학 박물관

Pere
T4

Auditori
T4

Fluvià
T4

Torre Agbar
아그바르 타워

Plaza de Toros Monumental de
Barcelona
바르셀로나 투우 경기장

Selva de Mar
T4

Selva de Mar

El Maresme
T4

El Maresme
L4

Carrer de Pere IV
뻬레 4세 길

Fòrum
T4

Escola Superior de Música de Catalunya
까딸루냐 음악 학교

Museu Can Framis de Barcelona
깐 프라미스 미술관

Parc del Fòrum
포룸 공원

0   0.5   1km

걷기 5. 깜 노우 *Camp Nou* 에서 포룸공원 *Parc del Fòum* 까지 대각선으로 움직이기 277

+걷기
5
깜 노우 *Camp Nou* 에서
포룸공원 *Parc del Fòum* 까지
대각선으로 움직이기

    마지막으로, 앞서 소개한 4개의 세로 축을 꿰뚫고 지나가는 디아고날 길^{Av. Diag-}
^{onal}을 따라 세로로 걷기 안에 포함되지 못했던 이야기들을 대각선으로 움직이며
찾아보기로 한다. 타원형의 바르셀로나를 가로로 자르며 둘로 나누는 그란비아가
13km로 가장 긴 도로고, 그 다음이 대각선으로 자르는 디아고날 길로 10km가 넘는
다. 여기서는 중간중간 대중교통도 이용하기로 하자.

구엘 별장 *Pavellons de la Finca Güell* 1883-1887

　지하철 3호선 빨라우 레이알(왕의 저택)*Palau Reial* 역에서 나오면 도로폭이 50미터에 달하는 디아고날 길이 양쪽으로 시원하게 뚫려있다. 디아고날 길을 기준으로 북쪽을 뻬드랄베스*Pedralbes* 지구라 부르는데, 이웃해 있는 사리아 *Sarrià* 지구와 함께 19세기 중반 이후 상류층의 주거지가 된 곳이다. 지하철 역과 붙어있는 뻬드랄베스 공원*Parc de Pedralbes* 을 가로질러 올라가자. 뻬드랄베스 공원을 포함한 이 일대의 넓은 땅이 가우디의 최대 건축주 에우세비 구엘*Eusebi Güell* 의 소유였는데, 1918년 그가 백작 지위를 받게되자 감사의 뜻으로 국왕에게 선물한 대저택*Palau Reial* 과 정원이 지금의 뻬드랄베스 공원이다. 공원의 북쪽 모서리로 나가 오른쪽으로 조금만 걸어내려가면 구엘 별장*Finca Güell* 이다.

　건설된 연도가 구엘 저택과 일부 겹치는데 마찬가지로 동양 문화의 강한 영향이 나타나는 작품이다. 반복적인 벽면 무늬나 기하학적으로 쌓아 올린 벽돌에 세라믹 마감 등이 이슬람 건축을 연상하게 하는데, 구엘 저택의 굴뚝과 닮은 듯한 지붕 위의 탑들과 포물선 형태의 구조와 창에서 이미 가우디 특유의 조형이 나타난다. 그중

에서도 구엘 별장을 유명하게 만든 것은 용의 모습을 하고 있는 정교한 철체 문이다. 그리스 신화 속 헤라클레스가 무찔렀다는 잠들지 않는 용, 라돈Ladón을 형상화한 것이라고 알려져 있는데 문을 구조적으로 잡아주고 있는, 탑 위에 올려진 세밀한 오렌지 나무 조각이 신화적 해석에 무게를 더해준다. 그러니까 구엘 별장이 황금 사과가 열리는 헤스페리데스Hesperides의 정원이라는 것인데, 신화 속 헤스페리데스 정원은 여신 헤라의 과수원으로 황금 사과는 불멸의 상징이었다. 사실 신화적 상징뿐만 아니라 구엘 가족을 상징하는 요소들도 함께 있다. 오렌지 나무 조각 아래에는 구엘의 첫 철자 "G"가 새겨져 있으며, 왼편의 출입구 주변은 면화 조각으로 장식 되어 있어 구엘 가족의 직물 사업을 상징한다. 그러니 구엘 가족의 지속적인 번영과 행복을 기원하는 요소들이 아닌가 한다. 안으로 들어가 둘러보고 나면 신화 속 정원에 비유한 화려한 입구와 관리인실, 마구간 건물에 비해 정원 규모가 매우 작다는 생각이 드는데, 현재 남아 있는 곳은 원래 구엘 별장의 아주 일부분으로 구엘 별장의 다른 입구들은 디아고날 길 건너편에 남아 있다.

　왔던 길을 되돌아 내려가 디아고날 길을 건너면 까딸루냐 공대 생물학과의 벽돌 건물이 나오는데, 마르티이프랑께스 길Carrer de Martí i Franquès을 따라 건물 뒷편으로 돌아 들어가보자. 지질학과인 또다른 벽돌 건물 앞으로 넓은 잔디밭 한가운데에 조각 같은 벽돌 구조물이 한 쌍 서있는데, 바로 구엘 별장의 남쪽문이다. 또, 구엘 별장에서 뻬드랄베스 길Av. de Pedralbes을 따라 내려와 디아고날 길을 건너 주안 빈띠쓰레스 길Av. Joan XXIII로 내려가면 약학과 건물 입구에 또 예사롭지 않은 벽돌 구조의 문이 나타나는데, 구엘 별장의 동쪽문이다. 다시 말해 구엘 별장에서부터 이 문들까지 500미터 가량 걸어내려온 모든 땅이 구엘 별장 안이었으며, 여름이면 구엘 가족들이 말을 타고 다녔던 곳이라는 이야기가 되겠다.

깜 노우 축구 경기장 *Camp Nou*
바르셀로나 축구 클럽 전시관 *Museu del Futbol Club Barcelona*

구엘 별장의 옛 문들을 찾아 걸어내려온 마르티이프랑께스 길 *Carrer de Martí i Franquès* 이나 주안 빈띠쓰레스 *Av. Joan XXIII* 길 어느 쪽이든, 내려오던 방향으로 계속해서 걸어내려가면 얼마 되지 않아전 세계 축구 팬들의 성지, 깜 노우 *Camp Nou* 가 모습을 드러내기 시작한다. 깜 노우가 위치한 레스꼬르츠 *Les Corts* 지구에 6만 명을 수용하는 축구 경기장이 하나 있었는데, 경기 관람 수요가 계속해서 늘자 10만 명 규모의 새 경기장을 건설한 데에서 새 축구 경기장이라는 뜻의 깜 노우로 불리게 된 것이다.

까딸루냐의 20세기 근대건축의 거장 프란세스크 미찬스 *Francesc Mitjans* 가 설계하여 건축적 가치가 높고 규모로도 유명하지만, 수많은 전세계 축구 팬들이 이곳을 찾는 이유는 단연 바르셀로나 축구 클럽 *FC Barcelona*, 발사 *Barça* (한국에서는 바르샤)의 구장이라는 점 때문일 것이다. 축구 팬이 아니어도 바르셀로나 축구 클럽의 유명세를 한 번쯤은 들어봤음직 한데 이력들을 알고나면 더욱 놀랍다. 지금까지 세계 랭킹 1위로 등극한 횟수가 가장 많은 팀으로 특히 2009년이 대단했는데, 한 해에 열리는 각종 축구경기에서 모두 우승 타이틀을 획득한 최초의 축구 클럽이 된 해다. 먼저 국내 경기인 라리가 *Liga Española* (리가 에스빠뇰라) 우승, 국왕컵 *Copa del Rey* (꼬빠 델 레이) 우승, 두 개의 국내 경기에서 각각 우승한 두 팀이 겨루는 슈퍼컵 *Supercopa de España* (수뻬르꼬바 데 에스빠냐)에서 (두 경기 모두 바르샤가 우승하였으므로) 국왕컵 준우승 클럽과 겨뤄 또 우승, 그리고 국제 경기인 유럽축구연맹이 주관하는 UEFA 챔피언스 리그 우승, UEFA 슈퍼컵 우승, 마지막으로 FIFA 클럽 월드컵에서도 우승하여 한 해에 총 여섯 경기에서 우승했다. 그 해 순위 점수 807점으로 2위였던 맨체스터 유나이티드를 81점 차로 따돌리며 랭킹 1위를 거머쥐었다. 말 그대로 미친 전력을 자랑하는 축구 클럽이다.

이러니 팬들도 많고 바르샤는 경기장 수익뿐만 아니라 파생되는 경제 활동이 엄

청난 하나의 거대 산업을 이루고 있는데, 막상 법적으로는 경제 주체로 분류되지 않는, 그러니까 세금을 내지 않는 집단이다. 이 모든 활동이 영리를 목적으로 하지 않는다는 것을 인정받은 것인데, 실제로 바르샤는 구단주 없이 회원들의 기금으로 운영되는 축구 클럽이다. 다만, 기금을 대는 회원수가 많을 뿐이다. 18만 명으로 전세계에서 두 번째. 도대체 축구가 뭐길래 이 많은 사람들이 수십 년을 변함없이 열광하는 걸까. 물론 스포츠 그 자체로서의 매력도 있지만 바르샤 팬들(꿀레스^{Culés Culers} 혹은 아술그라나스^{Azulgranas} 블라우그라네스^{Blaugranes}라고 불림)의 경우는 또 다른 이유가 있다.

결론부터 말하자면, 그들의 이 집단적 활동은 단순한 팬질이 아니라 일종의 끝나지 않은 저항 운동이다. 유럽 축구를 챙겨 보는 사람이라면 한 번쯤은 깜 노우에서 경기가 열릴 때 붉은색과 노란색 줄무늬의 까딸루냐 깃발이 대형 천이나 모자이크로 관람석을 가득 매우는 장면을 본 적이 있을 것이다. 이 깃발은 바르셀로나 시청, 까딸루냐 자치 정부 청사뿐만 아니라 거리에 면하고 있는 주택의 발코니에도 걸려 있는데, 까딸루냐 지방기를 달고 있는 집은 까딸루냐 출신이거나, 스페인으로부터 까딸루냐의 분리 독립을 원하는 사람이 살고 있는 집이다.

시민군과 국제의용군의 집결지였던 바르셀로나가 1939년 프랑코 군에게 점령당

하며 스페인 내전은 끝이 났지만 36년간 지속된 독재정권의 까딸루냐 탄압은 끝나지 않았다. 축구도 예외는 아니었다. 내전이 발발한 1936년 당시 바르셀로나 축구 클럽의 회장이자 까딸루냐 공화파 였던 주셉 수뇰*Josep Suñol*이 프랑코 군에 총살 당했고, 1953년까지는 선거를 통해 회장을 선출하는 것이 아니라 프랑코 정부에서 클럽의 회장을 지명하였으며, 그 회장들은 포스터를 포함한 모든 문서에서 까딸란어를 삭제하고, 바르셀로나 풋볼 클럽의 문장에 들어간 까딸루냐의 상징들도 모두 지웠다. 지금은 국왕컵*Copa del Rey*이라 부르는 경기도 1940년부터 독재가 끝나는 1976년까지는 총통컵*Copa del Generalismo*으로 불렸다. 트로피를 수여하는 권한까지도 프랑코 총통에게 있었던 시절이다.

전쟁과 함께 축구 클럽은 위기를 맞았지만, 독재기간 동안 꾸준히 회원수가 늘어나며 축구는 점차 프랑코 정부에 대한 투쟁이자 중앙 정부에 대한 저항의 상징으로 변해갔다. 그렇게 그들은 축구장으로 전장을 옮겨 왔고, 마드리드와의 경기만큼은 질 수가 없어졌다. 한 나라 안에 있으면서도 지역 갈등 정도로는 이해할 수 없는 그들의 관계가 여기에 있는 것이다. 이렇게 까딸루냐 사람들은 집단적으로 운동 자금을 모으고 유능한 용병을 기용하여 오랜 적과의 전투를 준비하며 전세계로 중계 방송이 퍼져나가는 순간에 보란듯이 그들의 정체성을 드러내며 축구장에서 독립운동을 한다. 바르셀로나와 마드리드 경기는 엘끌라시꼬^{El Clásico}(알려진 라이벌 팀들이 벌이는 경기로 여러 사람의 집중을 받는 경기) 중에서도 가장 뜨거운 관심을 받는 경기로 한국-일본전을 방불케 한다. 한번 생각해 보시라. 이 시대에 "영웅"으로 불리는 사람들이 어떤 사람들인지. 메시, 네이마르, 수아레스, 피케… 그들이 수호하고 있는 것은 까딸루냐의 정신이다.

경기가 없는 날 방문하면 80개가 넘는 우승 트로피와 유명 예술가들이 작업한 각종 포스터 등이 전시 되어 있는 바르샤 박물관^{Espai Barça}과 경기장, 선수들의 락커룸 등을 관람할 수 있겠고, 만약 바르샤가 이기는 경기를 관람하게 된다면 경기가 끝나고 우르르 빠져나가는 사람들을 따라 3호선 지하철을 타고 리세우^{Liceu} 역에서 내리자. 람블라스 길을 따라 행진하다 수돗가^{Font de Canaletes} 앞에 모여 세레모니를 벌일 것이다. 바르샤의 오랜 팬들 사이의 작은 전통인데, 옛날에는 그 건너편에 신문 인쇄소가 있었다고 한다. 중계가 없던 시절에는 다음날 신문이 나와야 경기 결과를 알 수 있었으니, 새벽부터 팬들이 그 앞에 모여 따끈따끈한 첫 신문이 나오길 기다려 그 자리에서 승리의 기쁨이나 패배의 고통을 함께 나누곤 했다는 것이다. 인쇄소는 없어졌고 어디에서 경기를 하든 생중계로 경기 결과를 알 수 있는 시대가 되었지만, 팬들은 여전히 그자리에 모여 그들만의 전통을 이어간다. 유럽 다른 도시에서 바르샤가 이기면, 바^{Bar}에 모여 맥주를 마시며 경기를 관람한 각각의 무리들이 경기가 끝나고 역시 그 자리로 모여들 것이다.

이야 디아고날 쇼핑 센터 *L'illa Diagonal*

디아고날 길로 돌아가서 피우스 돗자$^{Pius\,XII}$ 역을 찾아 트램^{tranvia}을 타보자(T-10 티켓으로 버스, 지하철, 트램을 모두 탈 수 있다). 잔디밭 위를 달리는 지상철을 디아 고날 전체에 설치할 계획은 여러 해 전부터 있었지만, 현재까지는 디아고날 북쪽 끝 에서 프란시세스크 마시아$^{Francesc\,Macià}$까지 그리고 글로리아스 광장^{Glòries}에서 남 쪽 끝까지만 설치 운행되고 있다.

이야$^{L'illa}$ 역에서 내리려 문 앞에 서면 건물 하나가 끝도 없이 트램을 계속 따라오 는데, 바로 총 길이가 330미터가 넘는 이야 디아고날 쇼핑 센터이다. 그 일대는 60 년대부터 상업, 스포츠, 대학 시설들이 들어서면서 조금씩 개발되기 시작하였고, 지 금의 쇼핑몰이 있는 자리는 까딸란 기업 사나우자^{Sanahuja}가 매입하여 1986년 여러 국내외 건축가들을 심사한 끝에 라파엘 모네오$^{Rafael\,Moneo}$와 마누엘 데 솔라모랄레스 $^{Manuel\,de\,Solà-Morales}$에게 프로젝트를 의뢰한 것이다. 당시로는 플리츠커 상을 받은 유일한 스페인 건축가와 바르셀로나 건축대학 도시 연구실의 창시자이자 대학자로 존경받는 도시전문가가 만나 공동 작업을 한 것으로, 당시에는 관심도 대단했지만

상업 건축을 하는 것은 그들의 명성에 흠이 될 것이라는 우려와 비판도 있었다. 그러나 그들이 원했던 것은 곧 바르셀로나에도 도착하게 될 "쇼핑몰"이라는 전세계적인 새로운 경향에 앞서 "공공의 요구에도 부합하는 상업 건축"의 한 선례를 만드는 것이었다. 다양한 프로그램이 복잡하게 들어가는 대규모 설계를 진행하는 동시에 주변 도시 맥락에도 부합하는 계획이 되도록 하기 위해 임대면적을 일부 포기하더라도 도로를 연결하고, 보행로를 만드는 것이 어떤 의미를 가지는 것인지 건축주를 끈질기게 설득하고, 정부의 협조를 강력하게 요청했을 것이다. 그렇게 하여 "가로로 누운 고층빌딩^{El rascacielos tumbado}" 이라고 불리며 사무실, 호텔, 상가, 스포츠 시설, 학교, 주차기능을 한 건물 안에 담고 있는 이야 디아고날은 그 안으로 도로도 포함하게 됐다.

레벨 차이와 함께 디아고날 길에서 끊어져 버린 까라벨라 라 니냐 길^{Carrer de la Caravel·la la Niña}을 건물의 지하 계획과 함께 디아고날 아래로 터널을 내어 연장시키며 사리아^{Sarrià} 지구와 레스꼬르츠^{Les Corts} 지구를 연결하고, 레스꼬르츠 지구 안의 오래된 작은 골목 안글레솔라 길^{Carrer d'Anglesola}은 그대로 건물을 관통하며 내부 동선을 형성하면서 디아고날 길로 이어지며, 건물 뒷편의 에꾸아도르 길^{Carrer de l'Equador}의 보행자들은 건물의 경사로를 통해 이야^{L'illa} 트램역으로 바로 접근한다. 그중에서도 지하로 관통하는 까라벨라 라 니냐 길의 경우 바로 이야 디아고날과 만나는 지점에 신호등과 버스 정류장이 있어, 건물의 일부에서 횡단보도를 건너고, 건물 자체가 버스 정류장의 지붕이 되어주는 풍경이 굉장히 독특하다.

글로리아스 광장 *Plaça de les Glòries Catalanes*

아쉽게도 디아고날 길 전체를 따라 운행되는 버스 노선은 없다. 이야 디아고날 앞에서 7번 버스를 타자. 디아고날 길을 따라 내려오다 근대 지구를 세로로 관통해 그란비아로 달린다. 우리의 목적지는 그란비아와 디아고날 길 그리고 메리디아나 길*Av. Meridiana*이 만나는 글로리아스 광장*Plaça de les Glòries Catalanes*이다.

글로리아스 광장은 바르셀로나의 가장 중요한 세 길이 만나는데다 기차와 지하철이 지나가는 지점으로 오랫동안 교통 문제 해결에 어려움이 있었다. 이를 해결하기 위해 90년대 초, 링형의 고가도로를 계획하여 건설했는데 교통 문제는 어느 정도 해결된 듯했지만, 이번에는 교통 광장에서 나는 소음, 매연에다 시각적으로도 주변 지역의 거주 환경을 저해한다는 불만의 목소리가 나오기 시작했다. 바르셀로나 시는 새 도로를 건설한지 10여 년 만에 광장을 주거지역에 포함시켜 하나의 전체를 이룰 수 있도록 광장을 재계획할 것을 결정하여 2013년에 국제 공모를 걸었다. 2014년 2월 주민들, 시민들, 기자들, 관광객들 등 많은 사람들이 모여 지켜보는 가운데 고가도로의 철거공사 시작되었고, 현재까지도 옛 광장 자리를 포함한 근대도시의 블록 9개를 합친 면적 전체를 공원화하고 도로는 모두 지하화하는 공사가 계속되고 있다.

엔깐츠 시장 *Mercat dels Encants*

글로리아 광장 근처에는 기원이 18세기까지 거슬러 올라가는, 유럽에서 지금까지 존속하는 가장 오래된 시장 중 하나로 원래는 노천에 가구와 의류, 잡화, 고서적, CD나 LP판 및 온갖 잡동사니들을 모아 놓고 파는 시장이 있었다. 그러다 글로리아스 광장을 새로 계획하면서 위치를 조금 옮겨 지붕이 있는 시장으로 새로 계획한 것이 지금의 엔깐츠 시장이다. 시장은 세 모서리의 높이가 다 다른 삼각형 모양의 땅에 위치해 있는데, 가장 낮은 부분에서부터 경사진 복도가 세 변을 계속 감아 네 개 층까지 올라가며, 세 개의 각 변마다 복도가 지면의 높이가 되는 지점에 출입구를 내어 대지의 레벨 차이를 재미있게 풀어내었다. 또, 24미터 높이의 대형 지붕은 여러 개의 띠가 각각 접혀있는 형태로, 각도가 다른 지붕면 사이로 자연광이 새어 들어오고, 반사재로 마감된 천장에 반사된 여러 각도의 시장 풍경이 재밌다.

엔깐츠 시장에서는 월, 수, 금 아침 7시부터 9시가 되면 다른 곳에서는 보기 드문 풍경이 펼쳐지는데, 창고에 있는 물건들을 몽땅 꺼내놓고 경매를 시작한다. 이때 헐값에 산 물건들을 낮 동안 다시 엔깐츠 시장에서 파는 상인들, 새로 이사한 사람들, 엔틱 수집가들, 관광객들이 뒤섞여 벌어지는 경매가 볼만하다. 또 엔깐츠에서 중고 물건을 사는 경우에는 보통 흥정이 벌어지는데, 터무니 없이 높은 값을 부르길래 안 산다고 돌아서면 등 뒤에서 반 값을 외치곤 하니 물건 값 한번 깎아보시라.

엔깐츠 시장에서 글로리아스 광장을 가로질러 걸어보자. 광장을 향해 삐쭉 내밀고 있는 건물이 바르셀로나 디자인 박물관*Museu del Disseny de Barcelona*으로 시대별 의상, 가구, 그래픽 디자인 전시가 굉장하다. 이어서 프랑스 출신의 세계적인 스타 건축가 장 누벨*Jean Nouvel*이 설계한 145미터 높이의 아그바르 타워*Torre Agbar*를 시작으로 디아고날 길을 따라 고층빌딩들이 나타나기 시작한다. 따라 걸어 내려가다 깔라라뇨*Ca l'Aranyó*역에서 트램(T4)을 타자. 얼마 안가 오른쪽으로 바르셀로나 출신 건축가 까를로스 페라떼르*Carlos Ferrater i Lambarri*가 설계한 메디아프로 빌딩 Torre 22@Mediapro이, 또 더 내려가면 왼쪽으로 장 누벨*Jean Nouvel*이 설계한 뽀블레 노우 공원*Parc del Centre del Poblenou*이 나타나며 트램은 디아고날 길 끝으로 향한다. 우리는 엘 마레스메*El Maresme*역에 내려 디아고날 마르 공원을 찾아 조금 거슬러 올라가자.

디아고날-마르 공원 *Parc de Diagonal-Mar*

디아고날 길이 바다 ^{Mar}와 만나는 곳에 있다고 해서 디아고날–마르라고 불리는 공원이 위치한 이 자리는, 원래 철도 건설 회사 마꼬사 ^{Macosa}의 소유지였는데 14헥타르의 넓은 땅이 시에 환수되자 바르셀로나 시가 거기에 더해 총 34헥타르에 달하는 넓은 면적을 주거, 업무, 상업, 호텔 건물과 함께 공원으로 계획, 도시를 따라 길게 이어지는 해변의 마지막 구간과의 연계를 시도하였다. 공원 설계는 엔릭 미라예스 *Enric Miralles*와 베네데따 *Benedetta Tagliabue*가 맡았는데, 그 특유의 조형이 잘 드러난다.

자유롭게 물결치는 철제 파이프가 대형 설치미술인 듯 공원의 이곳 저곳을 넘어 다니는데, 그 자체로 타일 장식이 아름다운 대형 화분을 매달고 있는 구조이자, 화분에서 자라나는 덩굴 식물이 만들어내는 지붕의 구조이며, 조명이 설치된 가로등의 구조이다. 그 단면이 파도와 닮았다고 해서 해안을 따라 산책한다는 뜻의 이탈리아어 룽고마레 *Lungomare*라 불리는 길쭉한 벤치가 공간을 나누고, 까딸란 모더니즘 시대의 세라믹 타일이 깔린 사각형의 바닥은 벽도 지붕도 없는 작은 방이 된다. 넓은 호수를 가로지르는 나무 다리에서 내려다 보면 거북이, 거위가 지나다니고, 잔디가 깔린 언덕 주변으로는 계절이 되면 협죽도, 붓꽃이 핀다. 공원에 심겨진 수종들이 굉장히 다양한데, 포플러 나무, 사이프러스 나무, 올리브 나무, 백양나무, 그리고 바르셀로나에서는 보기 힘든, 아프리카에 있는 스페인령 까나리아 제도의 토착식물 까나리아 소나무, 용혈수 등도 자란다.

모퉁이마다 미라예스 고유의 비례 감각이 살아있는 곡선들이 자연 요소와 어울어져 만들어내는 풍경이 아주 매력적인 곳이다. 공원 안을 산책하고 나와 공원에 면해 있는 주셉 쁠라길 *Carrer de Josep Pla* 이나 셀바 데 마르길 *Carrer de la Selva de Mar* 을 따라 동남쪽으로 따라 내려가자. 바로 지중해가 열린다.

스페인의 걸출한 건축가 그룹 중 하나인 마르띠네스 라뻬냐 José Antonio Martínez와 엘리아 스또레스 Elías Torres가 설계한 공원의 메인 공간과 태양 전지로 만든 지붕.

|포룸 공원 *Parc del Fòrum*

　해변에서 왼쪽으로는 포룸 공원으로 이어지는데, 해변 근처로는 넓은 면적에 울타리로 출입을 막아놓은 빈땅이 붙어있는 등 어수선하다. 도로 쪽으로 조금 돌아 나와 붉은색 아스팔트가 깔린 보도로만 계속 따라 걸어 올라가면 포룸 공원과 포룸 항구가 나타난다. 옛 산업 지구의 끝에 위치한데다 바로 옆으로 흐르는 베소스 강의 강물이 오래도록 산업 용수로 쓰여 오염이 심각했던 땅을 2004년 유니버셜 문화 포럼 Forum Universal de las Culturas을 개최하면서 공원으로 만든 것이다. 두 번의 만국박람회, 바르셀로나 올림픽과 더불어 또 하나의 국제 행사로 바르셀로나 역사에 기록되었는데, 이를 추진한 빠스꾸알 마라갈 Pasqual Maragall 바르셀로나 시장에 대한 이야기를 조금 해보자.

　바르세로나는 1979년부터 2011년까지 30년이 넘는 기간을 같은 정당 Partido de los Socialistas de Cataluña이 집권했는데, 그중에서도 빠스꾸알 마라갈 시장은 1982년부터 1997

년까지 여러 차례 재선출 되며 15년을 시장직에 있었다. 그는 재임기간인 1992년 바르셀로나 올림픽을 유치하여 여러 해를 올림픽 준비에 쏟았고, 또 1996년에는 국제적 문화 행사 포럼을 기획하여 1997년 유네스코의 협조를 얻어냈다. 그러나 같은 해, 임기가 끝나지도 않았는데 돌연 같은 정당 출신의 시장 대리인 주안 플로스*Joan Clos*에게 시정을 넘기고, 이탈리아 로마로 떠나 1년간 교수로 재직한다. 그리고는 바르셀로나로 돌아와 1999년 까딸루냐 자치주 정부의 주지사로 출마하는데, 실제로는 가장 많은 표를 얻었지만 의석수 부족으로 정권을 잡지 못하고 2003년 재선에 당선되었다. 그러니 유니버셜 문화 포럼이 개최된 2004년에는 본인이 기획한 행사를 맡긴 후임 시장 주안 플로스를 주지사로서 지원하며 함께 끌어갔던 것이다.

유니버셜 문화 포럼은 바르셀로나를 시작으로 해서, 3년에 한 번씩 개최되며 지금까지 멕시코의 몬테레이, 칠레의 발파라이소, 이탈리아의 나폴리에서 개최되었고, 이어 아르헨티나의 마르델 플라타에서 개최될 예정(2017)이다. 이 행사는 세계 평화, 지속 가능한 발전, 문화의 다양성을 주제로 각종 전시와 관람물, 강연, 국제 회의 등의 다양한 형태로 기획되었는데, 유네스코, 적십자, 유엔 헤비타트 등 200개가 넘는 비정부 기관이 참여했고, 각계에서 초청된 강연자가 2400명이 넘으며, 무려 141일간의 일정으로 이어지는 대행사였다. 초청자들 중에는 포럼이 중요하게 여기는 세 가지 가치(평화, 지속 가능한 발전, 문화의 다양성)를 실현하기 위해 힘쓰며 국제적인 영향력을 행사 하는 사람들이 많았는데, 특히 유명한 사람들을 꼽자면, 고르바초프 러시아 전 대통령*Mikhail Gorbachev*, 룰라 브라질 전 대통령(당시에는 현직 대통령)*Luiz Inácio Lula de Silva*, 노벨 평화상을 수상한 과테말라의 인권운동가 리고베르타 멘추*Rigoberta Menchú*, 노벨 문학상을 수상한 포르투갈 출신 작가 주제 사라마고*José Saramago*, 영화배우 안젤리나 졸리*Angelina Jolie* 등이 있다. 행사 기간 동안 3백 만이 넘는 사람이 찾았다고 하는데, 지금은 종종 열리는 콘서트 기간이 아니면 한적하다.

지붕 전체가 태양전지인 구조물 아래로 다가가 보자. 끝없는 수평선을 바라보며 맞는 지중해 바람이 시원하다.

에디피시 포룸 *Edifici Fòrum*
바르셀로나 자연과학 박물관
Museu de Ciències Naturals de Barcelona

디아고날 길을 향해 포룸 공원을 빠져나오다 보면 파란색 건물이 나타나는데 에 디피시 포룸(포럼 빌딩) *Edifici Fòrum* 혹은 무세우블라우(파란 박물관) *Museu Blau* 라 고 불리는 건물이다. 역시 유니버셜 문화 포럼과 함께 건설되어 강연 행사와 전시가 이루어진 곳으로, 세계적인 스타 건축가 헤르조그&드뫼롱 *Jacques Herzog, Pierre de Meuron* 이 설계한 것이다. 한 변이 180미터인 정삼각형 모양 평면의 납작한 건물인데, 17곳을 지지하여 지면에서 띄워 그 아래로 넓은 면적의 지붕이 있는 광장을 만들고, 위 아

래로 여러 개의 구멍을 건물을 관통해 뚫어 건물의 내부와 건물 아래의 광장까지 자연광을 끌어들이는 반전의 조명 기둥이 되도록 한 재밌는 형태의 건물이다. 지하에 음악당을 포함한 다양한 프로그램의 더 큰 몸체가 계획되어 있어 각종 행사가 열린다. 땅 위로 떠있는 삼각형 부분은 현재 바르셀로나 자연과학 박물관*Museu de Ciències Naturals de Barcelona*으로 사용되고 있는데, 시우타데야에 위치해 있는 동물학 박물관인 세 마리 용의 성*Castillo de Tres Dragones*에 있던 소장품들을 이곳으로 옮겨와 각종 동식물을 해부하는 이야기들이 잔뜩 전시되어 있다.

이 삼각형 건물의 솟아 있는 꼭지점이 찌르고 있는 곳이 바로 디아고날 길이 끝나는 곳이자 시작하는 곳이다. 디아고날 길과 이어지는, 베소스 강을 건너는 에두아르드 마리스타니 길*Av. d'Eduard Maristany*이 시작되는 곳에 있는 포룸*Fòrum* 트램역을 찾아 되돌아 가자.

자, 이제 집으로…

맺는 말 (독자들께)

먼저, 이 책과 함께한 혹은 이 책을 통한 바르셀로나 여행이 즐거우셨길 바란다.

그리고 이번에는 바르셀로나를 이해하고 즐긴 것처럼 독자들께서 태어나고 자란 도시, 살고 있는 도시를 여행해보시길 바란다. 새로운 도시를 여행하면 할수록 더 잘 알게 되는 것은 지나온 도시들이다. 같은 점과 다른 점을 이해하는 데에서 익숙한 것들의 특질이 더욱 선명하게 드러나는 법이니 말이다.

바르셀로나를 여행한 많은 사람들이 바르셀로나에서 한번 살아봤으면 좋겠다는 말을 하곤한다. 그러나 이 매력적인 도시를 여행한 감동 뒤에 이어지는 질문이 "나는 살고 싶은 도시에 살고 있는가?"가 아니라 "내가 있는 도시는 살고 싶은 곳인가?"로 이어졌으면 하는 바람이다. 그렇다면 나의 도시에 대한 더 많은 질문들을 하게 될 것이기 때문이다.

바르셀로나의 도시 공간에 대한 이야기 속에 그 안에서 살아가는 시민들, 예술가들, 건축가들을 포함한 전문가들, 기업, 정부 등 여러 도시의 주체들의 이야기도 함께 담고자 노력했다. 이러한 다양한 주체들의 집단적인 노력이 도시 문제에 대한 오랜 질문에 계속해서 새로운 답변을 하며 바르셀로나를 만들어가고 있기 때문이다. 우리는 스스로가 어떤 형태로든 도시의 한 주체라는 인식이 있는지, 제대로 된 질문이라도 한 번 해본 적이 있는지 고민해 봤으면 하는 바람이다. 도시 공간을 소유, 재산의 관점으로 바라보며 내 것과 내 것이 아닌 것으로 나누는 속에서 우리의 것은 내 것이 아닌 것으로, 그래서 나와 상관 없는 것으로 여기는 것이 현재 우리의 도시 문화이기 때문이다. 그런 문화에 익숙한 사람들이 소유한 땅 한 조각, 방 하나 없는(심지어 빌려 사는 방 하나 없는) 바르셀로나에 와서 살아보고 싶다는 생각을 하는 것은 나의 소유가 아니더라도, 돈을 주고 빌리지 않더라도 내가 사용할 수 있는 질 좋은 도시 공간들이 매우 많기 때문일 것이다. 개인이 전용해서 쓸 수 있는 공간의 질이 높지 않더라도 필요에 따라 접근해서 사용할 수 있는 최상의 공공 공간이 많은 도시에 사는 사람은 개인의 소득 수준에 따라 사용할 수 있는 공간의 질도 완전히 구분되는 도시에 사는 사람과 같은 빈곤을 느끼지 않는다.

건설된 공공 공간뿐만 아니라 도시와 연결되어 접근할 수 있는 강, 바다, 산과 같은 자연환경도 도시 생활의 질을 좌우하는 중요한 공공의 재산이다. 그런데 우리는 이런 자연요소를 일상의 공간으로 적극적으로 활용하는 문화를 가지고 있는지. 우리의 도시 공간은 이런 자연요소에 누구나 쉽게 접근해서 마음껏 사용할 수 있는 구조를 가지고 있는지. 일부 계층이 자연환경을 바라볼 수 있는 전망을 전용하는 것에 대해 나의 권리를 빼앗겼다는 생각을 해본 적이 있는지. 바르셀로나의 여러 걷기가 지중해 바다에 도착하는 것으로 끝날 수 있는 것은 우연이 아니다. 근대 도시 격자의 어느 교차로에서든 바다를 향해 전망이 열려있고, 길을 따라 걷기만 하면 바다에 도착할 수 있다는 것은 평등의 가치가 도시 공간에 그대로 드러나 있는 것이다.

(앞서 덧붙이는 말에서도 언급했듯) 이렇게 도시의 건설된 공간은 경제구조, 사회구조, 정치구조 그리고 사회 지배 집단의 목표를 반영한다. 도시 공간 안에서 생활하는 우리는 의식하든 못하든 이 구조에서 절대로 자유로울 수 없다. 그러니 나의 매일매일을 지배하는 나의 도시가 어떤 도시인지 알아야 하지 않겠는가. 그러니 눈앞에 보이는 모든 것이 텍스트이자 컨텍스트가 되는 도시의 이야기들을 찾아 관찰해가며 살고 있는 도시를 여행해보시길 바란다.

감사의 말

이 책을 만드는 데에 많은 분들이 도움을 주셨다. 그중에서도 도면자료를 제공해주신 펠릭스 교수님[Prof. Félix Solaguren], 도면작업에 많은 손을 빌려준 소중한 친구 아나이[Anahí Sanz], 사진 촬영을 위한 산책에 여러 차례 동행해준 프란시스[Francis Rivera], 기꺼이 사진을 제공해준 아나[Ana Boranieva]와 라리사[Larissa Lohmann]에게 감사의 말을 전한다. 그리고 이 모든 작업의 시작부터 마지막까지 변함없는 지원자가 되어주신 J&jj 한윤지 님께도 감사의 인사를 드린다.

저자협의
인지생략

시간과 공간을 주름잡는 바르셀로나 산책

걸어서 하는 도시 건축 여행
바르셀로나에 가자

1판 1쇄 인쇄 2017년 8월 15일
1판 1쇄 발행 2017년 8월 20일

지 은 이 조미화
발 행 인 이미옥
발 행 처 J&jj
정   가 17,000원
등 록 일 2014년 5월 2일
등록번호 220-90-18139
주   소 (04987) 서울 광진구 능동로 32길 159
전화번호 (02) 447-3157~8
팩스번호 (02) 447-3159

979-11-86972-28-1 (03920)
J-17-05
Copyright ⓒ 2017 J&jj Publishing Co., Ltd

www.jnjj.co.kr